洪洞大槐树与乡土依恋：

基于心理分析的视角

张 蕾 著

中国纺织出版社有限公司

图书在版编目（CIP）数据

洪洞大槐树与乡土依恋：基于心理分析的视角 / 张蕾著 . -- 北京：中国纺织出版社有限公司, 2023.1
ISBN 978-7-5229-0311-8

Ⅰ. ①洪⋯　Ⅱ. ①张⋯　Ⅲ. ①祖先崇拜—研究—中国　Ⅳ. ①B933

中国国家版本馆 CIP 数据核字（2023）第 019038 号

责任编辑：张　宏　　责任校对：高　涵　　责任印制：储志伟

中国纺织出版社有限公司出版发行
地址：北京市朝阳区百子湾东里 A407 号楼　邮政编码：100124
销售电话：010—67004422　传真：010—87155801
http://www.c-textilep.com
中国纺织出版社天猫旗舰店
官方微博 http://weibo.com/2119887771
天津千鹤文化传播有限公司印刷　各地新华书店经销
2023 年 1 月第 1 版第 1 次印刷
开本：710×1000　1/16　印张：11.25
字数：129 千字　定价：98.00 元

凡购本书，如有缺页、倒页、脱页，由本社图书营销中心调换

摘　要

地理空间作为"人类生活环境的容器"联结着个体与生俱来的感知和精神体验。人类与土地有天然的亲缘关系，与生存的空间环境有密切的人文联系，人对地方的依恋是人类的一种基本需求。然而，当代社会发展倾向于将人与地方的关系建立在一种纯粹的功能主义之上，全球化、流动性增加和环境问题使人地关系出现断裂，因此，人与环境的和谐发展受到破坏，个体由"地方"所衍生出的价值感和意义感日益丧失。关注人地之间的联结，具有社会、文化和心理层面的理论及现实意义。

本研究以乡土依恋为切入点，选取明代移民旧址——山西"洪洞大槐树"作为研究此现象的典型案例。结合乡土依恋已有研究，围绕文化、社会和心理三个层面提炼出"祖先崇拜""文化情结"和"自性化寻求"三个因子作为研究乡土依恋的影响因素。将文化对比为主的理论研究与本土化的实证研究相结合，论证并探究"祖先崇拜""文化情结"和"自性化寻求"对乡土依恋的影响作用及动力机制，进而阐明人与特定地方形成的联结对个体或群体所具有的内在价值和意义。

本研究围绕三方面问题展开。

第一，论证祖先崇拜对乡土依恋的形成有影响作用。

理论研究方面，对不同文化背景中的创世神话和始祖起源神话进行讨论，对不同文化背景中的祖先崇拜与乡土依恋现象进行对比分析，在此基础上，总结出祖先崇拜对乡土依恋的影响规律。研究表明，在心灵发展层面，祖先崇拜对乡土依恋的影响具有原型意义；在社会文化层面，祖先崇拜通过影响个体或群体的地方归属感、精神归属感和文化归属感的建立，对乡土依恋产生影响。

实证研究方面，采用质性研究方法探讨祖先崇拜对"洪洞大槐树"乡土依恋的影响过程和作用。以"洪洞大槐树"寻根祭祖园内的参观者为主要访谈对象，采用半结构式访谈和参与式观察搜集资料，利用扎根理论对资料进行分析并建构理论模型，运用非参与者检验法对研究结果进行效度检验。研究表明，受祖先崇拜文化影响的地方归属感建立、文化归属感建立和精神归属感建立三方面是乡土依恋形成的影响因素及动力来源。其中，"精神归属感建立"通过地方精神体验实现，到访"洪洞大槐树"的个体或群体，在地方精神体验中形成三种不同程度的人地联结。

第二，论证文化情结对乡土依恋的形成有影响作用。

理论研究方面，将比较研究法和文献研究法相结合，对澳大利亚土地文化情结、中国恋地文化情结与乡土依恋的关系进行研究。研究表明，创伤性的文化情结启动依恋关系系统，促使个体或群体形成乡土依恋，通过与土地的联结建构安全感和归属感；规范性的文化情结，以土地原型为核心，通过文化无意识和集体文化模式影响个体或群体乡土依恋的形成。

实证研究方面，以"洪洞大槐树"寻根祭祖园参观者为主要访谈对象，通过深度访谈、半结构式访谈和参与式观察等方法收集资料，并对资料进行初步分析和类属分析，运用质性研究的扎根理论方法归纳"洪洞大槐树"文化情结的类型并构建动力机制模型，从而更好地理解文化情结对乡土依恋的影响作用。研究表明，文化情结在历史、文化和原型层面影响乡土依恋的形成，其中，"洪洞大槐树"游子文化情结为个体或群体乡土依恋的形成提供心理动力；崇槐文化情结和恋地文化情结为个体或群体乡土依恋的形成提供文化动力；生生不息文化情结为个体或群体乡土依恋的形成提供原型动力。

第三，论证自性化寻求对乡土依恋的形成有影响作用。

理论论证方面，以荣格和波林根塔楼的关系、朝圣者和圣地的关系为例，分析自性化寻求对乡土依恋的影响作用。研究表明，自性化寻求以内在驱动力的形式推动个体与地方形成联结，与个体产生联结的地方以其自性原型的象征作用影响个体内在完整性和神圣性的自性化体验。

实证研究方面，运用差异显著性检验对到访"洪洞大槐树"的不同年龄阶段人群进行分析，通过探索不同年龄个体的乡土依恋水平，更好地理解个体自性化寻求对"洪洞大槐树"乡土依恋形成的影响作用。研究表明，自性化寻求对不同年龄阶段人群的乡土依恋水平有影响。以"洪洞大槐树"为例，在到访"洪洞大槐树"的不同年龄段人群中，中老年群体在人口数量、到访频次和移民后裔数量方面显著高于其他年龄段人群。这种现象的出现与中年危机和个体生命后半段的自性化发展相关。

综上所述，在不同文化背景中，祖先崇拜、文化情结和自性化寻求三个因素对乡土依恋现象的形成有影响作用。

著 者

2022 年 5 月

目 录

第1章 绪　论 ………………………………………………… 001

 1.1　选题背景 …………………………………………… 003

 1.2　研究假设 …………………………………………… 009

 1.3　研究意义 …………………………………………… 014

第2章　文献综述 …………………………………………… 017

 2.1　乡土依恋的相关理论与研究进展 ………………… 019

 2.2　祖先崇拜的理论研究与相关述评 ………………… 022

 2.3　文化情结的理论研究与相关述评 ………………… 026

 2.4　自性化的理论研究与相关述评 …………………… 028

第3章　问题提出及研究设计 ……………………………… 033

 3.1　已有研究的局限 …………………………………… 035

 3.2　研究的总体设计 …………………………………… 037

第4章　祖先崇拜对乡土依恋的影响 ……………………… 043

 4.1　不同文化背景中的祖先起源神话 ………………… 046

4.2 不同文化背景中的祖先崇拜与乡土依恋 ……………… 049

4.3 "洪洞大槐树"祖先崇拜与乡土依恋关系研究 ………… 059

4.4 小结 ………………………………………………… 075

第 5 章 文化情结对乡土依恋的影响 ……………………… 077

5.1 澳大利亚的土地文化情结与乡土依恋 ………………… 080

5.2 中国传统文化中的恋地文化情结 ……………………… 084

5.3 "洪洞大槐树"文化情结与乡土依恋关系研究 ………… 093

5.4 小结 ………………………………………………… 110

第 6 章 自性化寻求对乡土依恋的影响 …………………… 113

6.1 荣格与波林根塔楼 ……………………………………… 116

6.2 朝圣者与朝圣地产生的联结 …………………………… 123

6.3 "洪洞大槐树"自性化寻求与乡土依恋 ……………… 129

6.4 小结 ………………………………………………… 147

第 7 章 结论与建议 …………………………………………… 149

7.1 结论 ………………………………………………… 151

7.2 问题分析与展望 ……………………………………… 152

参考文献 …………………………………………………………… 155

附 录 ……………………………………………………………… 169

第1章 绪论

1.1 选题背景

1.1.1 选题缘起

——"问我祖先来何处？山西洪洞大槐树。祖先故居叫什么？大槐树下老鹳窝。"

在中国众多县份中，山西省洪洞县的知名度很高。洪洞县之所以闻名，是因为那里有一棵万民为之萦怀的古大槐树，那棵古大槐树与中国明代移民历史事件相关。元末明初，中原地带战乱连年，加之自然灾害频繁不断，原本富足的中原地区出现人口锐减、赤地千里的局面。据《明史》和《明实录》记载，洪武、永乐年间，统治者为了发展经济，18次迁徙山西之民于华中、华北、华东各地，明政府在洪洞大槐树下的广济寺设局派员，集中迁民，编排队伍并发给移民"凭照川资"。❶

洪洞大槐树的移民启程时，对故土依依惜别，不忍离去，在频频回首中只能望见"树身数围，荫遮数亩"的古大槐树和大槐树上星罗棋布的老鹳窝，因此，"大槐树"和"老鹳窝"就成为移民惜别家乡的标志。民国初年，洪洞县地方乡绅在洪洞大槐树移民处设立纪念遗址，之后遗址扩展为洪洞大槐树寻根祭祖园。自1991年以来，洪洞县政府每年都举办大槐树寻根祭祖节，众多大槐树移民后裔及海内外华人纷纷回乡寻根祭祖。"洪洞大槐树"作为移民文化的标志，已成为亿万古槐后裔心目中的"神树"，它被封为图

---

❶ 张青.洪洞大槐树移民志[M].太原：山西古籍出版社，2000.

腾，称为根，当作祖，视为老家和故乡。经过历史的变迁与演进，"洪洞大槐树"从一棵单纯刻有历史印记的具象之树衍化成乡土文化的特定象征。

对移民后裔而言，"洪洞大槐树"意味着移民后裔的祖先曾生活过的一方土地。据统计，明朝移民共分布于全国18个省（市）600多个县，当年从洪洞县这棵大槐树下离开的移民经过多次迁徙，其后裔已遍布海内外各地。时至今日，前往"洪洞大槐树"寻根祭祖的人仍络绎不绝，其中不乏"不能生于斯长于斯"的移民后裔及众多海内外寻根祭祖者。

他们中有的人多次定期或不定期地前往大槐树，行为态度似朝圣般虔诚；有的人行色匆匆独自而行，只为目睹传闻中树身数围的古大槐树。除此之外，还有年逾古稀的台胞满眼噙泪地返回到大槐树寻根，临走时捧起一抔故土作留念；有来自马来西亚的寻根团队，寻到大槐树后激动不已难以离去；有携老扶幼的中年人，来到大槐树寻根祭祖；有意气风发的年轻人，心怀祖辈遗愿来到大槐树处祭拜祈福；有自备口粮不远万里来到这里的信仰者，在古大槐树处盘桓数日不肯离去；有满怀敬畏的村妇和老妪，在古大槐树处烧香拜祭，以唱或念的古老方式表达对大槐树的崇拜之情；更有移民后裔步入大槐树根雕大门后，就一步一磕头，直到古大槐树处……这诸多行为呈现出个体或群体与故乡、故土难以切断的情感联结。

1.1.2 研究背景

（1）"place attachment"与中国文化中的"乡土依恋"

"洪洞大槐树"寻根祭祖者的行为在外显层面与根植于中华民族传统文化中的乡土情怀、故土依恋、乡愁情结有关。然而，此种现象背后是否有更深刻的内涵？是否具有内在深度心理学含义？是否具有共性的跨文化研究意义？带着诸多困惑，研究者进行了文献查阅。大量研究资料表明，"洪洞大槐树"寻根祭祖行为背后所体现的是人—地之间的联结关系和互动行为，揭示的是人与特定地理空间存在的一种特殊依恋关系,而揭示人与地之间互动行为的人类学现象及其背后所蕴含的深层心理动力,有助于更全面深刻地理解人类的认知、情感及行为。

华裔地理学家段义孚(1974)首先发现这种存在于人地之间的关系和现象,并进一步提出"恋地情结(topophilia)"的概念。在此基础上,西方学者归纳总结并正式提出"place attachment"这一术语,以说明人与地理环境之间形成的联结,在20世纪80—90年代,社会学、心理学、地理学及人类学等领域的研究者开始关注并围绕这种人地之间的联结关系进行理论建构和实证研究。

国外学者Low和Altman于1992年对place attachment所呈现的人地联结关系进行了综述性总结,他们认为,place attachment在心理层面的含义是个体与具有意义的地理环境之间建立的一种基于情感、认知和实践的联系,它强调的是人地之间的积极情感联结。Low(1992)认为,在文化层面,place attachment所呈现的不仅仅是一种情感和认知体验,它还指代一种象征性的关系,即人们赋予某一特定的空间或土地以文化上共有的情感意义。因此,place attachment在文化层面上可理解为,人们对特定空间或土地赋予文化上共有的情感以及意义,从而为个体和群体理解其与环境形成的象征关系提供基础,即人对一个空间或一块土地的体验经历会转变为一个具有文化意义的象征符号。这种理解表明了个人或群体与地方之间存在一种象征性的关系,因此唤起一种文化价值的体验。

2006年,"place attachment"被地理学界的相关学者引入国内并引起广泛关注,然而在这个概念的翻译上却出现了不同的表述方式:place被译作"地方""场所""地点"或"所在(being-in-the-world)"[1];attachment被译

---

[1] 曾旭正(2010)。地点、场所或所在——论"place"的中译及其启发。地理学报:台湾,(58),115-132。

作"依恋"或"依赖",此类翻译多见于地理学、建筑学、旅游学等相关学科。然而,研究者认为,place attachment 所表达的是人与特定地理环境之间的联结,这种联结具有显性与隐性根源,即:只从地理学角度对其进行翻译会忽略人地联结这一现象所具有的深层内涵,因此将"place attachment"译作"地方依恋""场所依恋""地方依赖""场所依恋"等词汇,无法全面诠释此概念在人文层面所具有的深远意义。

从"place attachment"一词所指代的客体层面看,其所依恋的对象并非"地方"本身。人类生活在地理空间中,又不断地创造和发现各种空间。作为"人类生活环境的容器",地理空间联结着个体与生俱来的感知和精神体验。然而,人地联结中"地"所体现的意义,并不局限于地理和空间位置,当它与社会和情感产生联结时,特定的空间环境就具有明显的文化意义,它与有心理价值意义的特定场所和土地相关。心理学领域中"依恋"一词代指所有个体与依恋对象的情感联结,其中依恋对象为个体提供安全感、稳定感、价值感和意义感。因此,个体或群体所依恋的重点显然不是一个特定的空间环境,而是对特定空间环境和土地所衍生出的价值观、心理状态、过去经验与本土文化的依恋。

从"place attachment"一词具有的性质和内涵看,"地方依恋"这一翻译结果只呈现出其所指代的物质(空间方位)面向,却忽略了人文及精神层面(衍生的价值与意义)的含义。《新编现代汉语词典》中,"place"的释义有如下几个方面:"我国各级行政区划的统称,跟'中央'相对;本地,当地;某一区域,空间的一部分,部位;部分。"人本主义地理学家认为,人类生活在充满意义内涵的世界中,人与地的互动反映出人们对世界的一种主观态度和情感体验,如人文地理学家爱德华·瑞尔夫(Edward Relph)曾指出,"place 是通过对一系列因素的感知而形成的总体印象,这些因素包括环境设施、自然景色、风俗礼仪、日常习惯,对家庭的关注以及其他地方的了解"❶。综上可知，单纯将"place"译作"地方"略显刻板，显失主观人文色彩。

从"place attachment"一词的形成缘起看，此概念最初源于环境心理学家对"思乡情怀"（homesickness）的观察和人文地理学家对人地关系的思考。Fried 于 1963 年在其研究中最早提及人地关系，他描述了强迫再安置情况下波士顿"伦敦西区"的居民不愿离开居住地的强烈情感，并提出居民从居住地的强制迁移会造成个体连续性的中断。之后，Wright（1966）创造了"geopiety"（敬地情结）一词，用于表达人类对自然和地理空间环境产生的深切敬重情感。

华裔地理学家段义孚（1974）认为抽象的空间科学忽视了很多丰富的人类经验，其中，"家"作为联结人地关系的典范，使人类产生情感依附和根植的感觉。通过对人地之间形成的互动进行观察，段义孚首创"恋地情结"（topophilia）一词从文化视角阐释人—地之间的情感联结。Shumaker 和 Taylor 于 1983 在地方概念的基础上，提出了依恋模型，其中，依恋被定义为"个体与其居住环境之间的一种积极的情感纽带或联系"。随着人地关系研究的深入，Cuba 和 Hummon（1993）提出人地关系的本质是回答"我是谁？我在哪里？我归属何地（根情结）？"的哲学命题。❷

综上可知，"place attachment"一词所蕴含的终极情感体现在对"归宿之地"（外在实体或内在心灵）的空间认同上，以及回归与拥抱"土地"的潜在欲望和原始冲动。研究者认为，探讨"place attachment"所呈现的人地关系，"文化"作为另一种意义的"地理载体"，❸ 其重要影响不应该被忽略。因此，研究者以本文的核心思想为基础，结合中国文化背景、特定文化语

---

❶ 王志弘（1988）。流动、空间与社会。台北：台湾田园城市文化事业有限公司。
❷ Lee Cuba & David M. Hummon（1993）. *A Place to Call Home*：*Identification with Dwelling, Community, and Region*. 34（1）：111–131.
❸ 唐晓峰（2012）。文化地理学释义。北京：学苑出版社。

境，将"place attachment"译作"乡土依恋"，其中，"place"使用"乡土"一词呈现其人文含义；"attachment"沿用心理学固有的"依恋"用法。在本研究中，place attachment 所涉及之处统一使用"乡土依恋"指代和呈现，这样使用不仅符合中国文化特点，同时也在语义层面表明人地联结形成的动力机制。

在中国文化中，"乡土"一词具有广泛的含义，既可指代"故乡""家乡"等具象的实体空间，也可指代心灵层面具有象征意义的归属之地，如苏轼在《定风波》中所言"此心安处是吾乡"，白居易在《吾土》中所言"身心安处是吾土，岂限长安与洛阳"。国内外对"地方依恋"（place attachment）所开展的研究中，将个体与地理空间所形成的人—地联结分为四个层面：对故乡的眷念，对居住地的依赖，对人文胜地的亲近，对自然风景地的向往。汉语字典中的"乡土"一词具有两个层面的内涵，一代指"家乡、故土"；一代指"地方、区域、处所"。其中，对故乡的眷念和对居住地的依赖可归结为个体对"乡"的体验；对人文胜地的亲近，对自然风景地的向往可归结为个体对"土"的崇敬，乡土的文化象征意象深植在上述四种人—地联结所形成的"归属感"中。将"乡土依恋"代替"地方依恋"，也符合本文在心理学乃至深度心理学层面对人—地关系的探讨研究。

（2）山西"洪洞大槐树"与乡土依恋

"洪洞大槐树"寻根祭祖者围绕具象的大槐树所呈现出的特定行为及乡土依恋现象，表明大槐树作为具有乡土文化意义的核心意象，将个体或群体自身的社会、文化和心理发展安放在意义空间——山西"洪洞大槐树"之中。在大槐树原型象征和乡土依恋机制的影响作用下，到访大槐树的寻根祭祖者与"洪洞大槐树"建立联结，进而构建心灵层面的安定感、归属感、意义感和价值感。

对于非生于斯长于斯的大槐树移民后裔而言，大槐树蕴含着更为深刻的文化意义。由于明代迁民的历史因素，众多大槐树移民后裔在故土之外"生根发芽"，虽有"日久他乡即故乡"的认知体验，但随着生命历程的发展，"月是故乡明""心如飘萍无处生根"等精神体验则会以强大的心理动力促使其与自己的故乡即祖根发源地产生联结，而具象有形的大槐树作为故土的核心标志，为无形抽象的人地联结提供了深远的象征意义。在大槐树原型象征的作用下衍生出的寻根祭祖现象也反映了个体或群体的心灵结构发展动力，以及意识、无意识（个人无意识、文化无意识、集体无意识）、原型象征作用和自性化发展内驱力等心理内容。因此，关注人地之间的联结，具有社会、文化和心理层面的现实及理论意义；选取山西"洪洞大槐树"作为研究乡土依恋现象的实证案例，具有深度心理学层面内涵。

1.2 研究假设

本研究以乡土依恋现象为切入点，选取山西"洪洞大槐树"作为研究此现象的典型案例，由于乡土依恋与社会、文化及个体或群体的心理发展密切相关，因此，本研究围绕上述三个层面探寻乡土依恋现象的影响因素并提出研究假设。假设（一）：祖先崇拜影响乡土依恋现象的形成。假设（二）：文化情结影响乡土依恋现象的形成。假设（三）：自性化寻求影响乡土依恋现象的形成。

1.2.1 祖先崇拜对乡土依恋的影响

祖先崇拜作为世界各地普遍存在的一种习俗，具有社会、文化及心理层面的意义。基于乡土依恋的研究，人本主义地理学家认为故乡是人类经历中不可或缺的组成部分，它不仅在个体身份认同的建构过程中发挥着重要作用，而且故土作为心灵归宿地还储存着个体及集体的记忆。从个体层面看，祖先是个体身份认同的根源；从群体层面看，祖先与家族历史记忆密切相关。有研究表明，人们回到祖先的故土是为了帮助自己构建身份认同、解决个人身份危机、维持更新家庭和文化纽带（Iorio & Corsale, 2013）。可见，祖先崇拜对个体、群体与祖先、故土建立生命联结产生影响。

祖先崇拜起源于泰勒、斯宾塞等进化论学派的灵魂观念。弗里德曼认为，对于信仰祖先崇拜的民族来说，祖先崇拜可与其宇宙观、价值观和精神世界相联系。许多民族的人类起源传说都表明人与土地有天然的联结，人类祖先源自土地这种精神体验扎根于集体无意识中并世代相传，对祖先崇拜必然会对土地形成依恋。正如荣格在《心灵与大地》一文中所提及，"澳大利亚土著人坚信不可征服别人的土地，因为那些土地上住着祖先的灵魂，他们会随新生儿的诞生而轮回转世"❶。因此，从深度心理学层面来说，集体无意识和原型意象会影响祖先崇拜与乡土依恋的关系。

山西"洪洞大槐树"被移民后裔及海内外寻根祭祖者称作"祖"，看作"根"，因此，尊祖文化是"洪洞大槐树"的基本精神理念。虽然大槐树移民是政治事件，但经过数百年演变，作为移民文化的标志，其核心精神已经转化为一种乡土依恋与祖先崇拜。对大槐树祖先崇拜文化引发的乡土依恋现象，有待进一步研究。综上所述，提出研究假设（一）：祖先崇拜影响乡土依恋现象的形成。

1.2.2 文化情结对乡土依恋的影响

环境心理学家 Hay（1998）在调查了整个人类生命周期中的人地互动现象后发现，童年时期形成的依恋比成人后形成的更为强烈，只有当个人在童年时期一直待在他们的出生地时，才有可能与地方建立牢固的联系。

---

❶ 周期、石小竹（译）（2011）。文明的变迁，第六卷。北京：国际文化出版公司，(Jung, C.G., 1934)。

然而，大槐树移民后裔及部分海内外寻根祭祖者并未"生于斯长于斯"，却能直接或间接地与"洪洞大槐树"建立深刻联结，这背后有根植于社会、文化及心理的强大动力机制。在中国，对乡土的依恋何止于"洪洞大槐树"，麻城孝感乡、宁化石壁寨、南雄珠玑巷、山东枣林庄、南京杨柳巷、南昌筷子巷等，无不是千百万移民后裔梦魂萦绕的故土家园。这表明乡土依恋既具有个体独特性，也具有群体文化性，因此，乡土依恋对个体或群体起影响作用。

环境心理学家 Low 和 Altman（1992）认为特定地理环境通过个人、群体和文化的交互作用形成充满意义的空间。其中，乡土依恋通过与环境空间、价值和信仰相关的抽象符号将人们与宗教、国家或文化联系起来，以此形成、维持、保存个体及群体的文化身份，并且乡土依恋有助于培养个人和群体的文化自尊及自我价值。乡土依恋文化层面的释义表明，人类与某个特定地理空间形成联结，并非只是对这个地理空间本身的依恋，其所承载的文化、价值和信仰等抽象层面的象征意义更具深度心理学内涵。综上所述，探寻乡土依恋的影响因素，需要整合个体、群体及文化三个层面的内容。

Singer 和 Kimbles 将荣格的情结理论和分析心理学家汉德森（Joseph L. Henderson）的"文化无意识"理论相结合，提出文化情结理论。文化情结理论建立在社会、历史和文化基础之上，可用于理解个体和群体的心理运行机制。Singer（2006）认为，文化情结由文化无意识所引起，它与原型和个人心灵以及更广泛的外部世界相互作用。文化情结是一种普遍存在于各种文化中的心理现实（Singer & Kimbles，2004b），它在个体心灵的群体水平和群体心灵中发挥动力作用，可以为个体和群体提供归属感和身份认同并建立历史连续性。

个体或群体与乡土建立联结可从中获取归属感、身份认同及连续性，而文化情结具有为个体和群体提供归属感、身份认同和历史连续性的动力学意义，文化情结通过个体或群体所产生的心理体验与特定地理空间建立联结。据此，提出研究假设（二）：文化情结影响乡土依恋现象的形成。

1.2.3 自性化寻求对乡土依恋的影响

"依恋"一词最先出现在心理学领域，由英国心理学家约翰·波尔比（John Bowlby）提出。依恋最初是指幼儿感知到威胁或者不适的时候，向抚养者寻求亲近的生物性本能（Bowlby，1960），后来代指所有个体与依恋对象的情感联结（Prior & Glaser，2006）。其中，依恋对象为个体提供了一个安全基地，当一方从这段关系中寻求安全或安慰的时候，情感联结就会变为依恋联结（Ainsworth，1989）。波尔比指出，在人的一生中，从摇篮到坟墓，都会表现出依恋行为。此外，随着年龄的成熟，依恋行为也会发生变化。

近年来，依恋理论在各种学科和临床研究中的应用呈上升趋势，尤其是在环境心理学和宗教心理学领域。由于依恋行为多在生命早期形成，环境心理学家认为，个体与地理空间的联系可以追溯到依恋行为系统内部工作模型的运作（Morgan & Marvin，2010）。依恋理论认为，个体在面对令人恐惧的事件或启动消极情绪时，最有可能转向他们的依恋对象，这些依恋对象被视为在危险和感知环境威胁时对个体具有"保护"和"回应"效应的依恋替代物（Ellison et al.，2014）。与婴幼儿所不同的是，成年人认知能力的提高促使其能够通过想象和感官与抽象的依恋对象相联系并发展依恋关系，从而增强他们的安全感。

成年人的依恋模式多种多样，如个人可以依附于他所信任的人，或返回乡村、故土等可以安顿心灵的地方，这些相关的联系都可以产生有意义的精神体验。通过这种方式，乡土被个人想象成一个依恋的对象。荣格分析心理学理论中，中年危机现象与危机、安全感和归属感相关，它是荣格在临床实践中发现并提出的，特指人到中年时心理上产生的危机感。中年危机与自性化发展相关，是个体自性化发展的契机。处于中年危机中的个体是否会将外在具有价值和意义感的"乡土"视为依恋对象，借助"乡土"构建的象征意义以寻求内在生命价值、意义与归属？这些问题有待于进一步研究。

除此之外，环境心理学家对乡土依恋进行研究后提出，个体与空间环境建立关系纽带可以增加精神的"维度"。Kamitsis 和 Francis（2013）通过实证研究发现，与神圣空间环境接触所获得的神圣感可以增加个人的内在体验和精神深度。Count 和 Watts（2019）致力于宗教心理学的研究，他们通过探索信徒和神圣地之间的互动关系，发现信徒与神圣地之间构建的是象征性的、非物质的依恋关系。成人与非物质实体（如特定神圣空间环境或一个神圣的实体）接触，所获得的神圣体验是探索"内在治愈"世界的安全港和安全基础。可见，个体与外在神圣空间环境进行互动时所获得的"神圣"体验有助于自我精神"维度"的拓展。

分析心理学理论认为，自性的经验是将个体与"神圣意象"联结的真实内在体验。自我和自性之间的联结借由神圣意象实现，个体需要利用神圣意象去与自性建构关系，而表达和实现自性完整性的过程则被视为自性化。自性化过程是内在于个体心灵的一种自然规律，是心灵不可破坏的"预期的"和"神性的"组成部分（Michael Palmer et al.，1997）。荣格分析心理学家默瑞·斯丹将自性化视为一种与生俱来的倾向、动力或驱力，甚至在某些人生阶段是一种强迫性的命令（Murray Stein，2012）。乡土依恋的相关研究表明，与特定神圣地理空间建立联结，从中获得的神圣感体验有利于个体增加精神层面的意义。然而，个体自性化寻求的动力是否有助于乡土依恋的形成，特别是与具有"神圣"性特征的地理空间产生联结？这有待于进一步研究。综上所述，提出研究假设（三）：自性化寻求影响乡土依恋现象的形成。其中，中年危机作为自性化寻求的特定现象会影响处于中年危机的个体与特定地理空间建立依恋关系。

1.3 研究意义

乡土依恋现象的形成原因和影响因素复杂而广泛。从心理层面来说，乡土依恋现象的形成机制不仅应该关注意识层面的情感、认知与行为影响，还应关注深度心理学层面的影响；从文化层面来说，对乡土依恋现象的研究，不仅应该关注具体文化的影响，还应关注跨文化领域方面的影响；从个体与集体层面来说，对乡土依恋现象的研究，不仅应该关注个体心理动机，还应关注群体心理机制。将荣格分析心理学理论、心理分析理论与乡土依恋理论相结合，可以从个体与群体层面、意识与无意识层面、文化无意识与集体无意识层面，探讨祖先崇拜、文化情结与自性化寻求三个因素对乡土依恋的影响，从而更全面、更完整地理解乡土依恋现象及其动力形成机制。

1.3.1 理论意义

在乡土依恋理论与具体文化相结合的基础上，探讨跨文化领域视角下的乡土依恋现象，不仅能促进乡土依恋理论的研究发展，还有助于加深乡土依恋现象的理解。将乡土依恋理论与分析心理学和心理分析理论相结合进行研究，从深度心理学角度分析乡土依恋现象，有助于拓展深度心理学的理论研究。以山西"洪洞大槐树"寻根祭祖文化现象为切入点探讨乡土依恋，也为"根祖"文化研究提供了理论基础（图1-1）。

1.3.2 实践意义

对祖先崇拜与乡土依恋的关系进行研究，可为"寻根祭祖"旅游产业发展提供更加全面的理论依据，可为非物质文化遗产的保护和活化提供新的思路和灵感。对文化情结与乡土依恋的关系进行研究，有助于理解个体和集体在人地关系中的心理运行机制。对自性化寻求与乡土依恋的关系进行研究，可使道德规范有落实的空间，使精神家园构建有据可循。对人地关系进行研究，有利于人与环境的和谐发展，有助于培养个体、群体的身份认同和文化认同；对乡土依恋影响因素进行探索研究，可在当下现实与历史文化之间建立精神联结，有助于传统文化的发展，并坚定文化自信，增强文化自觉。

图1-1　新塑一代大槐树

（此图片由洪洞大槐树寻根祭祖园提供）

第 2 章 文献综述

2.1 乡土依恋的相关理论与研究进展

2.1.1 乡土依恋的概念界定

乡土依恋（place attachment）概念最早出现于现象学研究中，现象学家 Eliade（1959）和 Bachelard（1964）最初在对家与宗教场所进行的相关研究中涉及了个人与特定地理空间的情感联结。Fried 在 1963 年对波士顿西区流离失所的移民进行的经典研究中发现，与居住地关系的断裂会给个体心理带来负面影响。1974 年，美国华裔人文地理学家段义孚提出"恋地情结（topophilia）"的概念，指出人与地理环境之间存在一种特殊的依恋关系。至此，人与地理空间、地理环境之间的关系开始受到环境心理学家的关注。1974 年，Kasarda 等人首次对社区依恋进行研究，他们的研究指出居住时间和邻里关系是社区依恋最有效的预测因素。Shumaker 在 1983 年明确给出了乡土依恋的定义，即人们与其居住地之间的情感联结。Williams 于 1989 年提出了"乡土依恋"的概念、构成维度及理论框架。Hidalgo（2001）从情感及行为维度进一步限定了乡土依恋的含义，将其定义为个人与特定地理空间环境的积极情感纽带，其主要特征是个体表现出与该地理空间环境的接近倾向。

乡土依恋是多维度概念，众多学者从不同角度对乡土依恋做出界定，具体相关定义可参见表 2-1。虽然国内外研究者从不同视角对乡土依恋的概念进行界定，但总体来说，多数学者认为乡土依恋是人与空间地理环境发展的联结，它包括功能上的依赖和情感上的认同两个方面。功能上的依赖是指个人在空间上希望与情感依恋的地方保持较近的距离，这种依赖常以特定的行为表现出来，如有些人年复一年地回到故乡，还有一些人去圣地朝圣。情感上的认同是指个体对于其居住的环境、故乡或特定地理空间所产生的一种情感上的联系，又或是一种在情感上融入特定地理环境中的感觉。这种对重要地点的情感认知多是积极的体验，个体多会产生幸福、快乐、自豪和满足等情感。

表2-1 乡土依恋的相关定义示例

作者	年份	定义
Williams & Roggenbuck	1989	乡土依恋是个体对特殊地方的归属感
Hummon	1992	乡土依恋是个体对场所的一种情感性涉入
Low & Altman	1992	乡土依恋是对一个有意义环境的认知和情感联结
Moore & Graefe	1994	乡土依恋是人与地方之间基于情感（情绪、感觉）、认知（思想、知识、信仰）和实践（行动、行为）的一种联系，其中，情感因素处于第一位
Bricker & Kerstetter	2000	乡土依恋是一种情感的归属，是个体感觉到自己与特定地方的结合程度
Hidalgo & Hernández	2001	乡土依恋是个人与特定地方之间的积极情感联结

结合上述理论，本研究中的乡土依恋概念界定为，个体或群体与具有文化象征意义的空间环境或土地所建立的一种基于情感、认知和实践的联结。这种联结强调的是个体或群体对特定的空间环境或土地所赋予的文化上共有的情感及其情感意义。

2.1.2 乡土依恋理论的国内外研究进展

选取Science Direct、EBSCO和Web of Science三大外文数据库以及中国期刊全文数据库、中国优秀硕博学位论文全文数据库两大中文数据库作为检索源。在外文数据库中的主题或关键字中输入"place attachment"，在中文数据库中的关键字中输入国内地理学研究领域所采用的通用翻译，即"地方依恋"和"场所依恋"进行检索，根据检索出的内容初步筛选出外文文献1060篇、中文文献702篇。然后运用文献综述法和比较归纳分析法，对资料进行分类汇总和综述整理。

从时间维度对所搜集的文献进行分析发现，国外研究起步较早，虽时有波动，但总体呈上升趋势，特别是近几年对乡土依恋的关注度较高；而国内直到2006年才出现相关文献，之后发表文献的数量稳步上升。近年来，国内外乡土依恋研究发展总体呈上升趋势（图2-1）。

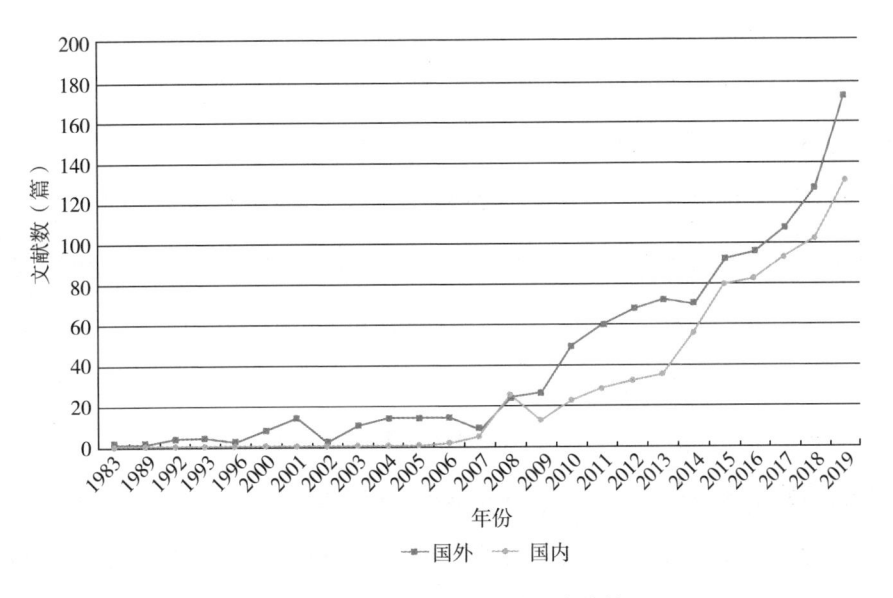

图2-1　国内外乡土依恋研究趋势

"乡土依恋"概念被提出后，国外学者着重在理论上探讨其概念体系和形成机制，之后采用定量和定性的实证方法进行研究。从研究历程看，国外乡土依恋研究分为三个阶段。第一，概念提出阶段（1983—1989年）：乡土依恋概念于20世纪80年代末提出，之后被环境心理学所关注。第二，理论完善阶段（1989—2005年）：对乡土依恋概念进行深入探讨，对乡土依恋形成的维度、过程及影响因素进行研究，逐渐完善乡土依恋理论。第三，实证应用阶段（2005年后）：主要将乡土依恋的理论成果应用于行为解释中进行研究。研究对象包括社区居民（Eisenhaure et al., 2000）、自然游憩地游客、受灾群体和朝圣者等，空间尺度也从社区（Scannell et al., 2016）和城市（Lewicka, 2008）扩展到公园、自然景区、宗教的神圣空间等领域。

从研究方法来看，乡土依恋理论得到了广泛的理论检验，Lalli（1992）将乡土依恋研究方法分为实证方法和现象学方法。其中，实证方法以定量及假设检验为主，地点熟悉度、时间关联性、地点依赖性、地方满意度、地方同一性、归属感和地方情感等是用来衡量的变量。与实证主义方法相反，现象学方法以描述性和定性方法为重点，结合深度访谈和文本分析，讨论与乡土依恋有关的情感、行为、态度、功能及影响因素。

乡土依恋理论在国内的发展起步较晚。国内关于乡土依恋理论的研究始于2006年黄向和保继刚对"place attachment"这个概念的引入，随后旅游学界出现了一系列研究成果，议题集中于旅游者乡土依恋的形成机制、乡土依恋的旅游学认知架构和旅游形象建构等方面。目前，国内乡土依恋研究主要集中在人文地理和游憩休闲两个领域，总体尚处于起步阶段。从游憩的角度引入乡土依恋理论后，国内学者主要从定量的角度对乡土依恋进行实证研究，多采用量表问卷及计量分析的方式。在人文地理方面，一部分学者对国内外乡土依恋的概念、影响因素及形成机制等进行理论梳理，另一部分学者则将乡土依恋理论与中国各旅游景点相结合，致力于乡土依恋理论的本土化研究。

2.2 祖先崇拜的理论研究与相关述评

2.2.1 国外祖先崇拜的文化内涵及相关定义

祖先崇拜在各英文字典中通常被定义为"对已故祖先进行祭奠的习

俗,这些祖先被认为是家庭的一部分,他们的灵魂有影响生者生活事务的力量"。《国际婚姻与家庭百科全书》(*International Encyclopedia of Marriage and Family*)指出,祖先崇拜是对已故亲人的仪式化祈祷。它基于这样一种信念,即死者的灵魂具有影响生者事务的力量。《哥伦比亚百科全书》(*The Columbia Encyclopedia*)记载,祖先崇拜是指对已故亲人的祈祷及仪式化的安抚。祖先崇拜是基于这样一种信念,即死者的灵魂继续存在于自然界,并有能力影响生者的命运。

《世界百科全书》(*World Encyclopedia*)认为祖先崇拜是一种在血缘关系强大的社会中出现的各种宗教信仰和习俗。死去的祖先或部落成员的灵魂,被认为掌控善恶处理能力,他们通过祈祷和祭祀(牺牲)得到安抚。《新天主教百科全书》(*New Catholic Encyclopedia*)提出,祖先崇拜是祭奠死者的一种重要行为,它与死去的亲属有关,尤其是具有血缘关系的亲属。《思想史新词典》(*New Dictionary of the History of Ideas*)将祖先崇拜定义为,后代通过一套文化规定的仪式,表达对已故祖先的崇敬之情。综合上述研究,总结出国外祖先崇拜文化内涵及其构成要素见表2-2。

表2-2 国外祖先崇拜文化内涵构成要素

认知	情感	行为
对超自然体的信仰/血缘关系	尊崇情感	由信仰产生的崇拜行为

2.2.2 国内祖先崇拜的文化内涵及相关定义

国内学者认为,中国的祖先崇拜可以认定为一种民间信仰,也可以认定为是一种世俗化的宗教现象(邓玲玲,2014)。也有学者在比较了中西方文化信仰后提出,祖先崇拜是中国民间信仰的主要形式,它的本质是对人的崇拜（蒋栋元，2013）。色音（2012）从人类学角度出发，认为祖先崇拜是指现有成员认为已故成员可以影响自己生活的民俗信仰体系。通常，进行崇拜行为的成员与被崇拜的已故成员之间被认为是"子孙"与"祖先"的关系。此外，国内部分学者从情感角度对祖先崇拜进行阐释。刘亚红（2010）认为，祖先崇拜是后人对与自己有血缘关系的先祖的敬仰和崇奉。李保平（1997）认为，祖先崇拜是指对祖先灵魂的尊崇和信仰。

祖先崇拜文化现象是根植于社会基层的精神文化堡垒，然而在新时代背景下，中国的祖先崇拜发展趋势及功能呈现出新的意义。朱雄君（2008）认为，祖先崇拜是个体表达归依与寄托的方式。贾艳红（2011）认为，祖先崇拜具有促进团结，维护统一，提供凝聚力的功能。这种功能体现为人们借助外在的集体性祭祀行为，产生内在的对祖先崇拜的情感和心理体验，内在情感与外在行为相结合形成共同的信仰模式。刘喜珍（2012）认为，祖先崇拜是建立在灵魂不灭和鬼神敬畏观念基础上的一系列丧祭活动，祖先被视为具有超自然力的精神存在，活着的后人可以通过祭祀仪式或追思活动与其进行交流，追思承志、表达感恩之心。

吉成名（2015）在《论祖先崇拜》中指出，祖先崇拜是一种特殊的、具有进步意义的原始宗教。它体现人们对祖先的尊崇和敬奉之情，在祭祀行为中缅怀祖先功德，祈求祖先庇佑。赖萱萱和郑长青（2017）在《宗教行为抑或伦理表达——东南亚华人族群祖先崇拜之考察》一文中提出，华人祖先崇拜的人神之道呈现神性隐退，人性增强的发展趋势。华人族群，尤其是华人新生代逐渐倾向于将祭祖、寻根视为一种伦理表达而非宗教行为。从上述对祖先崇拜进行的分析可以看出，在中国本土文化中，祖先崇拜的文化内涵包含下列要素（表2-3）。

表 2-3 国内祖先崇拜文化内涵构成要素

崇拜对象	关系类型	精神联结	联结方式	联结互惠	联结结果
祖宗	血缘亲疏	报本反始/慎终追远	供奉	祈福禳灾	心理慰藉
		追本溯源/崇德报功	祭祀		维系团结

结合上述国内外祖先崇拜的相关研究，将本研究中的祖先崇拜概念界定为：基于对有血缘关系的祖先的尊崇和信仰，后代通过供奉或祭祀的行为与其建立精神联结的文化习俗。祖先崇拜源于人们强烈的追本溯源的愿望以及对自己血缘的认同感。

2.2.3 祖先崇拜与乡土依恋关系的研究述评

对国内外乡土依恋的研究进行归纳总结后发现，在国外，一部分学者对祖先文化和乡土依恋的关系进行了阐释，如 Setha M. Low（1992）从现象学角度对西澳大利亚的 Pintupi 人和土地之间的联系进行了讨论，其中涉及 Pintupi 人祖先与土地的关系。在实证研究方面，澳大利亚地理学家 Robert Hay（1998）拓展了 Low 的研究，采用问卷访谈的形式对新西兰班克斯半岛的现代居民与土著民族进行研究，探讨了祖先文化对乡土依恋形成的重要性。Leila Scannell 和 Robert Gifford（2017）在"The experienced psychological benefits of place attachment"一文中，使用内容分析的方法探索乡土依恋体验的心理益处，研究中对祖先与乡土依恋的关系进行了相关阐述。

然而，作为世界各地普遍存在的一种习俗，一种世界范围内的人类信仰文化现象，祖先崇拜具有更广泛的社会与文化意义。祖先崇拜的产生与发展与人类心灵紧密联系，既有宗教层面的意义，又有其独特的社会文化功能。探讨祖先崇拜对乡土依恋的影响，有助于从文化、社会及人类心灵层面揭示人与特定地理环境的深层情感联结及其形成原因，但国内外此类研究较为少见。

2.3 文化情结的理论研究与相关述评

2.3.1 文化情结理论的提出

文化情结以分析心理学理论为基础,源于荣格早期对情结理论的研究和约瑟夫·汉德森（Joseph Henderson）后期对"文化无意识"的概念。运用这两种基本思想,文化情结理论成为理解集体心理的一种方式,并通过群体行为和个体心理体验表现出来。

山姆·金布林斯（Sam Kimbles）将汉德森关于心理文化层面的概念加以扩展,引入了"文化情结"一词。之后,Thomas Singer 和 Sam Kimbles（2004a,2004b）将荣格的情结理论以及汉德森关于"文化无意识"的概念相结合,进一步发展了文化情结的概念及相关内容。文化情结不仅可以作为分析群体间和群体内部冲突的工具,还被视为将自我、文化与其原型根源联系起来的动态过程（Kimbles,2000）。

文化情结概念的提出,将荣格情结理论的适用范围从个体心理层面拓展到群体和国家的生活层面。文化情结存在于整个集体的心灵和群体个体成员的心灵中,对文化情结的认识,有助于扩展加深对个体和群体生活中的社会现象的潜在感知和理解。除此之外,文化情结涉及"心灵文化层面"的领域,从而提供了一种从分析心理学视角理解文化体验的新途径。

文化情结属于心灵结构的一部分,是全世界范围内普遍存在的一种心理现实。探索文化情结需要结合历史学、心理学、人类学、经济学、神话学、社会学,甚至是文学和诗歌等方面的知识。但是,由于每一种情结都是围绕一个情感核心建构而成,因此,对文化情结的研究并不局限于这些学科（Singer,2016）。

2.3.2 文化情结的概念与特点

情结是一组高度汇聚情感能量的观念和意象，围绕一个原型的核心聚集。在群体心理和个体心理的群体层面，存在另一个层次的情结，这些群体情结被称作"文化情结"。文化情结与个人情结相似，但文化情结是建立在重复的、历史的群体经验基础上的，这些经验根植于群体的文化无意识中。Singer（2006）认为，文化情结是由文化无意识所引起的，它与原型和个人心灵以及更广泛的外部世界（如学校、工作场所、宗教社区、媒体和所有其他形式的群体生活）相互作用。综上所述，本研究将文化情结定义为一组以原型为核心的高度汇聚情感能量的观念和意象的集合，它作用于群体心理和个体心理的群体层面。

文化情结具有以下几个特点：首先，文化情结通过强烈的情绪和重复的行为来表达自己，人们可以通过这种情感来识别它们的存在，强烈的情绪或情感反应是文化情结的标志；其次，文化情结以一种自发、主动的方式运作，倾向于肯定一种简单的观点，用固定的方法取代更多的日常模糊和不确定性，对世界持有自以为是的态度；最后，文化情结与个体情结一样，都具有原型核心。也就是说，它们表达的是典型的人类态度，根植于关于什么是有意义的原始观念。

2.3.3 文化情结与乡土依恋关系的研究述评

目前，文化情结的研究主要集中在对个体或群体心理的理论探索层面，Thomas Singer 编制并出版了关于文化情结的一系列著作，它们分别围绕澳大利亚、拉丁美洲和欧洲的文化情结展开。其中，一部分研究涉及文化情结和土地的关系，如 Anthea Mawby 在 "Australia: Shadow and Cultural Complex in the Antipode" 一文中，对澳大利亚的文化情结和土地关系进行了阐述。然而，将文化情结理论与乡土依恋理论相结合进行的理论探索及实践研究仍然鲜少。Singer 认为，文化情结作用于个体心理的群体层面和群体生活的动态领域。它们是根深蒂固的信念和情感的表达，常通过群体和个人的表现、影响、模式和实践来体现。对文化情结理论的研究，有助于理解人们对许多影响他们生活的重大事件和力量的想法和感受。因此，运用文化情结理论对乡土依恋现象进行探索分析，可以结合个体或群体的认知、情感和行为表现，从家庭文化、社会结构和历史发展等内在社会学角度揭示乡土依恋的形成原因。

2.4 自性化的理论研究与相关述评

2.4.1 荣格定义自性化

自性化或自性化过程，是荣格分析心理学理论中的核心概念。在《向死者的七次布道》中，荣格提出自性化概念，并在《分析心理学两论》以及《心理类型》中加深并拓展这一观点。之后，荣格在对原型特别是对炼金术的研究中为这一概念加入更多的内容，他在学术讲座中《分析心理学引论》《梦的分析》《幻想》和《尼采的〈查拉图斯特拉如是说〉》以及一些案例研究中详细阐述了自性化在临床中的表现（Murray Stein，2019）。

"自性化"术语指代的不是一种状态，而是一个鲜活、有动力的过程。荣格用自性化这一概念，所要表达的是这样一种过程：一个人最终成为他自己，成为一种整合性的，不可分割的，但又不同于他人的发展过程。在《心理类型》一书中，荣格（1921）将自性化定义为，一个分化的过程，它的目标是个体人格的发展。于是，就其本义而言，自性化过程是围绕以自性为人格核心的一种整合过程。用荣格的话来说，自性化也即自性的实现，自性化过程的目标也即自性的整合（申荷永，2018）。在分析心理学的语境中，人格的毕生发展被称为"自性化"，即自性化是一个人实现其自生命伊始就具有的潜能的过程（Murray Stein，2019）。

2.4.2 其他学者定义自性化

安德鲁·塞缪斯认为自性化过程是围绕以自性为人格核心的一种整合过程。换句话说，使一个人能够意识到他或她在哪方面具有独特性，同时又是一个普普通通的男女。❶杰夫瑞·芮夫（Jaffrey Raff，2000）认为，自性是整个人格的中心，它神秘、强大且本身具有完整性，自性化是个体围绕自性成为完整的人的过程。默瑞·斯丹（2012）将自性化视为一种动力，一种与生俱来的驱力和倾向，或者在某些人生阶段是一种强迫性的命令。这种动力是为了使存活的个体完全体现自己，在体验的时空中变成真实的自己。詹姆斯·霍尔（2006）认为，自性化过程的前提是要确立一种自我感，形成一个稳定而又强壮的自我（ego）。在此基础上，便是与他者以及其所置身其中的集体文化发生联系，而这个阶段通常要等到生命后期，个体比较关注个人心灵与集体文化关系的时候才会发生。他认为，自性化历程是要人从潜意识和外在集体世界所提供的众多原型的可能性里找出属于个人的意义。

申荷永（2018）认为，汉字之"性"是"心"与"生（命）"的结合，意味着与生俱来的最原始的心理本质及其生命与生活中的心理意义，包含明心见性的意象。荣格所要表达的"自性化"接近于道家的"天人合一"或佛教的"明心见性"。其关键，既非"个体化"，也非"本我化"，而是"无我"之心灵境界，乃是一种心灵的转化（申荷永，2016）。自性化，心理分析的核心，无论是心理治疗，沙盘游戏治疗，还是梦的工作，其目标

---

❶ Samuels，A. *A Critical Dictionary of Jungian Analysis* [M]. London and New York：Routledge, 1997.

都与自性化有关。因为，许多心理疾病患者之所以会生病，是由于失去了真正的"自己"。于是，找回失去的自己（本性），获得真正的自性，便是治愈，便是心灵的沟通。正如孟子所说："学问之道无他，求其放心而已。"

申荷永说："我也用正心诚意、明心见性、天人合一，用中国文化的智慧，来呈现心理分析'自性化'的意义。我将荣格的 individuation 翻译为自性化的时候（将其大写的 Self，译作'自性'），深受慧能法师的启发：'何其自性，本自清净。何其自性，本不生灭。何其自性，本自具足。何其自性，本无动摇。何其自性，能生万法。'正如五祖所说：'不识本心，学法无益；若识自本心，见自本性，即名丈夫、天人师、佛。'慧能的教法，如：'不思善，不思恶，正与么时，那个是明上座本来面目。'也被我们运用在心理分析的自性化过程中。"

2.4.3 自性化寻求与乡土依恋关系的研究述评

自性化是分析心理学理论中最为核心也最为抽象的概念，自性化寻求是在自性化理论基础上提出的。本研究将自性化寻求界定为，个体追求与生俱来的最原始的心理本质及其生命与生活中的心理意义，主动与所置身其中的集体世界以及集体文化产生联结，最终回归真实自我与本性的过程。国内外尚无自性化寻求与乡土依恋关系的研究。但近年来，在乡土依恋的相关研究中，国外学者 Victor Counted 和 Hetty Zock 探讨了地理空间和个体灵性之间的关系，他们的研究表明，个体内在的精神动力与外在的地理空间呈正相关发展。

Count 提出，对地方的探索不应该只关注自身之外的地方，更应该关注个人发展、自我超越和意义构建等自我内部的灵性成长。他们对有形的地理空间和无形的神圣实体之间的关系进行研究后，发展形成了"地方灵性"的概念，并进一步将"地方灵性"的概念界定为一种理解地方经验与精神依恋之间关系的范式。在对个体与圣地之间相关的情感、行为和认知过程进行研究后，Count 总结出许多观点，例如，他认为，与个体精神灵性相关的乡土依恋是一种与比自己更伟大的事物的联系和关系；个人的内在经验和精神深度是通过他们的地方经验，即接近神圣的感觉所获得。从上述研究中可以看出，对乡土依恋现象的解读须结合深度心理学理论，从深层心理层面理解人地之间形成的情感联结。

第3章 问题提出及研究设计

3.1 已有研究的局限

3.1.1 乡土依恋理论的研究

20世纪70年代，乡土依恋以人地关系的形式最早出现在国外现象学家的研究中。在20世纪80—90年代，乡土依恋现象逐渐受到国外社会学家、心理学家、地理学家及人类学家的关注，乡土依恋的概念、维度建构、理论框架和实证研究日渐兴起。Low和Altman于1992年对乡土依恋相关研究进行综述后提出，乡土依恋是综合性概念且受多种因素影响，对乡土依恋的研究不仅应该关注心理层面的情感、认知与行为影响，还应关注文化层面的影响。然而，国外研究者对乡土依恋心理层面的研究多集中于意识层面，从深度心理学层面探讨乡土依恋现象形成的原因及其影响因素的研究甚少。国外从文化层面对乡土依恋开展的研究中，宗教心理学占主导，而对乡土依恋进行跨文化和本土化研究甚少。

国内有关乡土依恋的研究，主要集中于人文地理和游憩休闲两个视角。在游憩休闲方面，主要采用定量的研究方式对乡土依恋现象进行实证研究（张天宇，2019）。量化的研究方式虽有助于拓展乡土依恋现象的理论研究，但乡土依恋被认为是复杂且综合的现象，过度采用量化研究追求外在数据的客观性反而会忽视人地关系中个体或集体的内在体验和主观经验的客观性。在人文地理方面，国内学者主要进行文献综述与定性研究（古丽扎伯克力，2011）。除了进行文献梳理，国内研究者也将乡土依恋理论与中国本土化的旅游文化景观和居住环境相结合，致力在本土文化中深入发展乡土依恋理论（冯宁宁，2017）。在乡土依恋的研究中，虽然社会人口统计学因素和环境因素有助于理解乡土依恋的形成机制，但并不完全说明这种机制的实质。因此，国内部分学者开始从心理学角度研究乡土依恋现象（曹李梅，2019）。

从心理学角度对人地之间的关系进行研究，有利于揭示乡土依恋现象的形成机制，然而仅从意识层面探索个体或群体与特定地方形成的心理联结，还不足以全面理解乡土依恋现象。除此之外，乡土依恋与行为之间的关系并不是绝对的，比如，在不同文化背景的影响下形成的乡土依恋也不尽相同。在个体主义为主的西方文化中，个体虽然较为独立，但周围邻里的互动在其文化中占有重要地位。东方集体主义为主的文化中，国与家的联系更为紧密，更加注重人际互动。因此，即使通过量表所测量的乡土依恋类似，其形成的途径也不同，这就需要进行更多以文化对比为目的的研究以深入探讨。然而，国内外围绕乡土依恋展开文化对比的研究甚少。

3.1.2 "洪洞大槐树"相关研究

以"洪洞大槐树"为关键词输入中国知网中，所呈现的论文可以分为两类：一类是与"洪洞大槐树"移民传说故事和移民史等主题相关的论文，如《大槐树移民的传说》（赖婷，2018）、《直义与隐喻——"十八打锅牛"传说的分析》（王杰文，2008）和《洪洞大槐树移民考》（张青，2003）等；另一类是围绕"洪洞大槐树"历史移民现象展开讨论的理论性论文，如《民众迁徙、家园符号与地方认同——以洪洞大槐树和南雄珠玑巷移民为中心的探讨》（冀满红，2011）、《明清时期豫北地区移民问题探析——以山西洪洞大槐树移民传说为中心》（申红星，2010）和《祖先记忆、家园象征与族群历史——山西洪洞大槐树传说解析》（赵世瑜，2006）等。总体而言，国内学者对"洪洞大槐树"进行的实证性研究鲜少。

3.2 研究的总体设计

3.2.1 研究目的

本研究以乡土依恋现象为切入点,选取山西"洪洞大槐树"为典型案例,结合乡土依恋现象形成的社会、文化和心理三个层面,提取出祖先崇拜、文化情结与自性化寻求三个因素,对乡土依恋的形成机制及影响因素进行分析研究。将理论论证与实证研究相结合,在荣格分析心理学和心理分析理论的基础上,由浅入深地逐层探讨祖先崇拜、文化情结与自性化寻求对乡土依恋的影响。理论研究方面,通过文化对比的方式进行论证;实证研究方面,以山西"洪洞大槐树"为典型案例,构建乡土依恋形成的心理动力机制。

第一,论证祖先崇拜影响乡土依恋的形成。理论研究方面,以文化对比的方式探讨祖先崇拜对乡土依恋形成的影响;实证研究方面,探讨"洪洞大槐树"所呈现出的祖先崇拜文化现象对人地之间特定联结的影响作用及心理动力机制。

第二,论证文化情结影响乡土依恋的形成。理论研究方面,以文化对比的方式探讨文化情结对乡土依恋的影响;实证研究方面,探索"洪洞大槐树"文化情结的主要构面,并结合其主要构面对乡土依恋形成的心理动力机制进行建构。

第三,论证自性化寻求影响乡土依恋的形成。理论研究方面,结合不同类型的自性化寻求现象,探讨自性化寻求对乡土依恋的影响;实证研究方面,结合"洪洞大槐树"的文化背景,对自性化寻求和乡土依恋的关系进行讨论,分析中年危机现象对乡土依恋的影响。

3.2.2 研究方法

本研究采用的方法包括文献研究法、比较研究法、参与式观察法、访谈法和扎根理论研究法。

第一，文献研究法主要是对文献进行搜集、鉴别、整理，通过对文献进行研究而得到对事实的科学认识。本研究将使用文献研究法对祖先崇拜、文化情结、自性化寻求和乡土依恋等理论文献进行搜集、整理和分析，用以进行祖先崇拜、文化情结和自性化寻求对乡土依恋影响的理论研究。

第二，比较研究法是根据一个相对统一的标准，对两个以上的研究对象进行比较分析，研究分析其异同，寻找或确定其规律的方法。在祖先崇拜、文化情结和自性化寻求对乡土依恋影响的理论研究中，运用比较研究法，对不同文化背景中的同一现象进行对比分析，寻找乡土依恋形成的规律。

第三，参与式观察法是指研究者深入研究对象的生活背景中，在实际参与研究对象日常社会生活过程中所进行的观察。研究者进入研究现场，运用参与式观察法对"洪洞大槐树"景区内的游览参观者及寻根祭祖者的动作、表情、语言等进行现场观察并做相应记录（包括录音、录像、拍照、笔录等），以作为研究分析的一手资料。

第四，访谈法是研究者根据研究调查所设定的目标与要求，按照访谈提纲或者问卷，采用对个体或群体、直接或间接提问、结构或非结构问卷的方式，系统收集资料的一种方法。本研究运用半结构式访谈和深度访谈相结合的方式，对"洪洞大槐树"景区内的 156 名参观人员进行了访谈，对其中 5 名人员进行了深度访谈。运用半结构式问卷进行，访谈内容主要围绕祖先崇拜对"洪洞大槐树"乡土依恋形成的影响和"洪洞大槐树"文化情结内容两方面进行。

第五，扎根理论研究法是由 Glaser 和 Strauss 提出的以社会学理论为基础的质性研究方法，其目的在于从经验资料中生成理论，从而超越对现象的描述和阐释。扎根理论的研究程序包括资料收集整理、编码和理论生成，其中，编码环节是理论基础建构的核心过程，包括开放式编码、主轴编码和选择性编码。本研究运用扎根理论法探讨"洪洞大槐树"祖先崇拜、文化情结对乡土依恋的影响，并建构其动力机制的理论模型。

3.2.3 研究创新

国内外相关研究中，尚未出现将祖先崇拜、文化情结和自性化寻求与乡土依恋相结合进行探讨的文献；在荣格分析心理学和心理分析理论的基础上，从深度心理学层面对乡土依恋形成机制进行建构，国内外尚未见此类研究。

3.2.4 研究思路

第一，依据研究背景，提出本研究的问题，确定研究基础和范围。

第二，查阅文献，对乡土依恋、祖先崇拜、文化情结与自性化等概念的基本内容、历史沿革与学术进展进行归纳梳理并界定概念。

第三，通过搜集、整理相关文献资料，对祖先崇拜、文化情结和自性化寻求对乡土依恋的影响进行理论论证。在理论论证方面，主要以文献研究法和比较研究法为主。

第四，通过实证研究，对"洪洞大槐树"祖先崇拜、文化情结与自性化寻求对乡土依恋的影响及心理形成机制进行分析和理论建构。在实证研究方面，主要以半结构式访谈为主，并结合现场观察记录以及搜集的相关资料进行分析。

第五，总结研究结果，对研究局限进行分析，对未来研究提出建议与展望，具体研究思路见图3-1。

```
                    ┌──────────────┐
                    │  选题现实背景  │
                    └──────┬───────┘
                           │
                    ┌──────┴───────┐
                    │   文献综述    │
                    └──────┬───────┘
                           │
                    ┌──────┴───────┐
                    │ 研究目的及意义 │
                    └──────┬───────┘
              ┌────────────┴────────────┐
         ┌────┴────┐              ┌────┴────┐
         │ 理论研究 │              │ 实证研究 │
         └─────────┘              └─────────┘
         文献研究法 比较研究法      定性分析法 定量分析法
         祖先崇拜/文化情结/自性化   祖先崇拜/文化情结/自性化
         寻求对乡土依恋的影响       寻求对乡土依恋的影响
         结合不同文化背景进行       以"洪洞大槐树"为例构
         跨文化研究                建理论模型
                    ┌──────┴───────┐
                    │ 研究结论和建议 │
                    └──────┬───────┘
                    ┌──────┴───────┐
                    │ 研究局限和展望 │
                    └──────────────┘
```

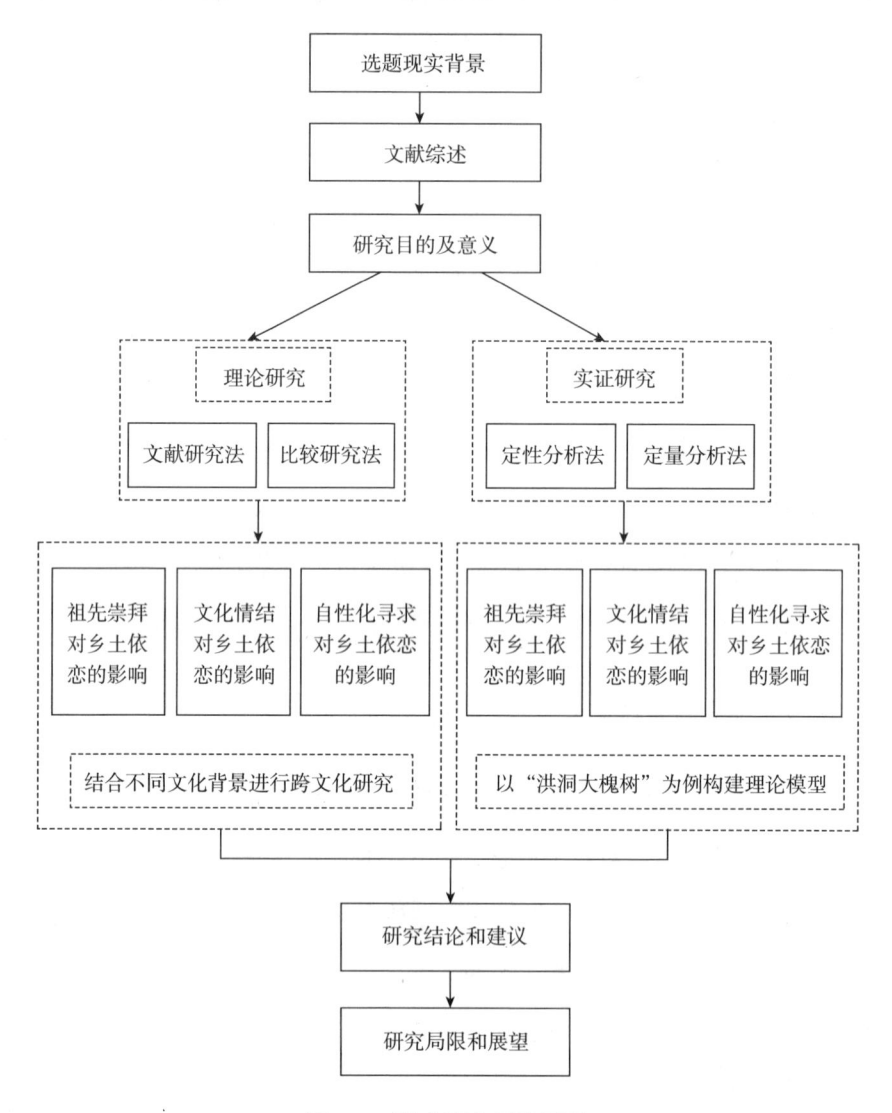

图 3-1　论文研究思路导图

本研究主要围绕三个子研究进行。研究（一）：论证祖先崇拜对乡土依恋的影响。研究（二）：论证文化情结对乡土依恋的影响。研究（三）：论证自性化寻求对乡土依恋的影响。从心灵结构发展层面看，三个研究间呈现逐次递进的关系。其中，祖先崇拜与个体的自我认同、地方认同和文化认同密切相关，集中体现在"我是谁""我来自哪里""我去向何方"等与自我意识发展相联系的人生命题中。因此，由祖先崇拜形成的乡土依恋更倾向于个体或群体意识层面的发展。Singer 认为，文化情结是文化无意识产生的，它与原型和个人领域相互作用，并在潜意识生活的个人层面和心理原型层之间的中间地带发挥作用。因此，研究（二）深入无意识层面，将文化情结和文化无意识相结合，论证文化情结对乡土依恋的影响。研究（三）围绕心灵结构的核心——自性原型，对自性化寻求进行了讨论，论证自性化寻求对乡土依恋的影响。

综上，祖先崇拜、文化情结与自性化寻求三者与乡土依恋的关系既相互区别，又彼此联系，共同作用于个体与群体的心灵发展过程中。

第 4 章
祖先崇拜对乡土依恋的影响

第 4 章
祖先崇拜对乡土依恋的影响

从文化层面讲，乡土依恋不仅包括对特定空间环境的依恋，还包括个体或群体对"土地"所产生的基于历史、文化和原型层面的依恋（Low，1992）。土地是渗入人类心灵结构中极深层的原型意象，它可追溯到远古的神话、图腾、宗教和仪式中，并且世界上绝大部分民族的创世神话和始祖起源神话都与土地有关。因此，从心灵更深层次的集体无意识层面看，人类与土地的深层联结可以追溯到各民族始祖与土地的原型意义中。祖先崇拜作为世界上普遍存在的社会文化现象，它的起源与人类最早的宗教表达密切相关。综上，在心灵的原型层面，祖先崇拜与乡土依恋有内在深层联系。

对祖先崇拜与乡土依恋的关系进行研究，也需探讨祖先崇拜的社会功能。20世纪50—60年代，国外学者对祖先崇拜的研究从宗教层面转移到社会功能层面。迈耶·福蒂斯（Meyer Fortes）综合前人成果，首先将亲属关系引入祖先崇拜文化的研究中。涂尔干在此基础上强调关注"家庭"这一特殊亲属集团，并认为祖先崇拜与亲属集团领导权威及其相对应的服从伦理或秩序密不可分。拉德克利夫·布朗在涂尔干的基础上提出，人们通过祖先而获得依赖社会的归属感。在社会文化层面，祖先代表着服从伦理和秩序的父性精神，祖先崇拜通过来自家庭或单系集团的"血缘关系"和对祖先的"尊崇"来源为个体提供社会归属感。总之，祖先崇拜对乡土依恋的影响可从原型层面和社会层面进行分析。

研究（一）将理论研究与实证研究相结合，从原型层面和社会层面探讨祖先崇拜对乡土依恋的影响作用。理论研究采用文献研究法和比较研究法，对不同文化背景中的创世神话和始祖起源神话进行讨论；对不同文化背景中的祖先崇拜与乡土依恋的关系进行对比分析。实证研究以山西"洪洞大槐树"为主要研究对象，运用访谈法收集资料并依据扎根理论分析资料，用以探讨"洪洞大槐树"祖先崇拜文化对乡土依恋的影响作用及心理动力机制。

4.1 不同文化背景中的祖先起源神话

人类自原始社会以来就形成一种对土地的热爱与依恋之情，这种依恋土地的情感，在神话中普遍可见。著名人类学家列维·斯特劳斯曾指出："在神话中，人类诞生于大地是普遍性的特征，当人类从大地深处出现的时候，他们不会走路或只能笨拙地行走。"❶ 可见，人类祖先与大地不可分割的联系存在于集体无意识中，具有丰富的原型象征意义。有祖先崇拜文化信仰的民族与土地的联结更为密切，对祖先崇敬，即会对"孕育祖先生命"的大地产生崇敬与依恋之情。

4.1.1 人类始祖与土地

世界各地的许多文化都把造物主虚拟成太初时期的"工匠"，用泥土像冶炼陶器一般创造人类始祖。人类始祖是用泥土捏制而成，是从土地中孕育而生。在古埃及神话中，赫努姆神（Khnum）用尼罗河的黏土在陶轮上塑造出人类的祖先。美索不达米亚的创世神话中，人类始祖是由南姆穆神（Nammu）在女神宁玛（Ninmah）的帮助下用陶土制成。非洲苏丹的希卢克（Shiluk）把世界上不同的种族解释为是造物主用不同的陶土模子制造了外形各异的人——有黑的、棕的和白的。印加人则认为，造物主帝奇·维拉科嘉

---

❶ 谷德明（1987）. 中国少数民族神话. 北京：中国民间文艺出版社.

（Ticci Viracocha）用陶土制作了安德人（Ande）的始祖，并在他们身上涂上了五彩缤纷的颜色作为衣服。❶

《旧约〈创世纪〉》中指出，第一个人类——亚当就是上帝用泥土制作而成，夏娃是用亚当的肋骨制成，他们是西方传说中人类的生命之初，是人类的始祖。巴比伦神话中记载，人类是大神马杜克用血和泥混合捏制而成。与此类似，希腊神话中的人类是普罗米修斯按照世界的主宰天神的形象用泥土和泉水捏制而成，他从动物的灵魂中摄取善与恶的特性注入泥人体内，使其拥有生命和活力。澳大利亚中部的土著阿兰特人认为，最初的人以一定的形式存在于土地里，但还没有完全成型，是天神把他们从泥土里解放出来。新西兰土著神话中说，天神蒂基以红土和着自己的血造出人类。北美迈都族印第安人神话中记载，地神以暗红色的泥土掺上水，做出男女人像，再用脂木把他们烧成活人。❷

在中国，女娲抟土造人的神话故事家喻户晓，而在各少数民族的神话中，泥土造人的母题也屡见不鲜。彝族史诗《阿细的先基》中描述阿热和阿咪两位大神造人时说："称八钱白泥，称九钱黄泥，白泥做女人，黄泥做男人……"然后向泥人吹了一口气，泥人就活了。独龙族的创世神嘎美和戛荷用泥捏了一对男女，吹了一口气，泥人就有了血肉和生命。在佤族神话传说中，神话传说《人类的由来》是这样讲的：原来，世上只有一个人，他觉得太孤独，便用泥巴捏成两个泥人。他用嘴巴一吹，两个泥人变成了一男一女，长大结婚后生育了儿女，人才逐渐多了起来。

哈萨克族神话是这样叙述创世神迦萨甘造人过程的：迦萨甘想要给大地创造主人以及一些具有生命的东西。于是，迦萨甘在大地的中心栽种了一

---

❶ 张琦、卢贵唐（译）（2006）. 伟大的主题——世界神话. 北京：中国青年出版社.（荷兰时代生活图书公司编）
❷ 陈建宪（1994）. 神祇与英雄：中国古代神话的母题. 北京：生活·读书·新知三联书店.

棵"生命树"。生命树长大后,结出了众多"灵魂果实"。果实的形状如同飞鸟一样,长着翅膀而且可以飞。创世神迦萨甘又用黄泥捏了一对空心的小泥人。小泥人晾干以后,肚子上被迦萨甘剜了肚脐窝,迦萨甘又把灵魂从小泥人嘴里吹进去,一对小泥人便高兴地活了过来。❶

4.1.2 祖先从沃土中诞生

费尔巴哈(1851)在《宗教本质演讲录》中曾指出:"印第安人现在还把大地当作他们共同的母亲。他们相信自己是从大地的怀中诞生出来的。他们自称Metoktheniake人,即'大地所生之人'。"❷

祖先从沃土里诞生的传说在很多地方流传。在美洲土著部落里,霍皮(Hopi)、纳瓦霍(Navajo)以及美洲西南部其他一些族群认为,太古之人来自幽暗的地下——就像田里的庄稼,从荒芜的土地里长出。纳瓦霍人相信他们的祖先历经漫长的旅途,穿越四层地下世界,才到达他们现在居住的"第五层世界"。西非的阿散蒂人(Ashanti)同样认为他们的祖先是从地下疆域爬到地面上的。亚马孙的印第安人,包括卡拉亚雅人(Caraja)和瓜亚基人(Guayaki),都流传着类似的传说。

在所有的创世神话中,土地被视为孕育孩子的母亲。世界上多数民族习惯土葬故人,那些人认为,大地是祖先逝去后要前往的地方。有些民族认为,祖先逝去后应回归土地中,犹如种子在土中再次生根发芽,他们相信新的生命也会从大地中再度开始。正如人类学家艾利亚德所描述:如种子被埋入地中等待发芽一般,死人埋入地中是为了迎接重生,生与死都在土地中进行并完成,种子在地中意味着回归大地母亲的子宫进行生命的孕育,而死去的人也在坟墓中等待新形式的重生。美国西南部的普韦布洛人(Pueblo)就

---

❶ 谷德明(1987)。中国少数民族神话。北京:中国民间文艺出版社。
❷ 林伊文(译)(1937)。宗教本质演讲录。北京:商务印书馆。(Feuerbach, L, A., 1845)

会修建地下祭坛，他们在那里举行祭祀仪式，通过这种形式再现其祖先在地球形成之初从地下世界爬出来见到阳光的情形。❶

众多人类始祖从土地中诞生的神话传说体现的是人与土地之间不可分割的联系。崇拜祖先是因为祖宗是生命之所出，是生命之源。对于个体而言，自己的生命实际上是父亲的生命、祖父母的生命、遥远祖先的生命。自己的生命是传承遥远祖先的生命而来，也将继续传承至未来。祖先是个体生命的来源，土地又是祖先的来源，在象征层面，土地是人类心灵的情感依托、精神家园和灵魂归宿。祖先崇拜作为文化习俗或宗教信仰，深刻影响个体的生命体验和精神体验，进而从心灵层面与土地乃至特定地方形成依恋。

4.2 不同文化背景中的祖先崇拜与乡土依恋

4.2.1 祖先崇拜、精神归属与乡土依恋

在世界众多人群中，土著人与土地有着最天然的联结。土著人满足于自然赐予的一切，他们从不为了驯化土地而破坏自然。张岱在《夜航船》中写道："土著，音土著（tǔ zhù），言着土地而常居者，非流寓迁徙之人也。"土著人将自身与土地视为一体，极其重视自己起源以及出生时所在的土地。对于土著人而言，土地不仅是生命传承的依赖，更是其文化、历史、身份认同和精神信念的载体。土著人对地方的感知和精神体验来源于他们的民族文化和宇宙观。

大洋洲的原住居民是世界上最古老的民族之一。他们遵循着传统生活理

---

❶ 张琦、卢贵唐（译）（2006）。伟大的主题——世界神话。北京：中国青年出版社。（荷兰时代生活图书公司编）

念，与土地合而为一，同时保持着一种生存核心，即与土地和祖先之间所形成的密不可分的内在精神联结。大洋洲的原住居民与土地之间灵性地结合，起源于大洋洲"梦幻时代"（Dreaming/Dreamtime）祖先创造万物的宗教信仰。"梦幻时代"是大洋洲土著人众多部落的宗教核心，也是他们身份感的来源（Crotty，1995）。

"梦幻时代"即祖先创世纪，它讲述了祖先创造大地及世间万物的故事。据说，那个时期，只有大洋洲土著人的祖先和一些精灵居住在澳大利亚。土著人的祖先经常漫游于各地，并用超人的神力创造了大地、河流、山脉、山洞和岩石，而祖先神灵们也相应地存在于这些地方，并永久持续地存在下去。澳大利亚原住民族的神话体系不尽相同，但也有共通之处，这些神话故事解释并强化了人们和土地之间的联系。

他们认为，人与土地的关系早在世界初始就已经存在。祖先作为联结人与土地的媒介，从漫长的沉睡中苏醒，以便进行化育万物的过程。完成伟大的工作后，他们又回归大自然中，恢复永恒的沉睡。因此，当土著人走过部落所在地时，他们看到的岩石、树木、水坑和河流等都具有丰富的象征意义。❶ 对于他们而言，远祖的精神仍然活在这片土地上，继续繁衍着子孙后代。

大洋洲土著人执着于"梦幻时代"的信仰，他们敬畏信仰的不是遥远模糊的过去，而是在无穷的时空中自我身份与灵性精神的联系。长年研究澳大利亚土著居民的比较人类学家史特瑞劳（Strehlow）在有关阿兰达人（Aranda）的陈述中提到："他深深依恋着故土，用每一寸肌肤去依恋它……如今，当他想起那些白人侵占了自己族群的领地，甚至肆无忌惮地亵渎了祖先的遗迹时，就会潸然泪下。在他们的图腾神话中，始终有对故土的热爱、

---

❶ 郭乃嘉（译）（2012）. 神话与传说：图解古文明的秘密. 北京：生活·读书·新知三联书店.（Wilkinson, P., 2009）

渴望重返家园这样的主题。"他们的历史充满了对故乡的爱。山峦、小溪、清泉与池塘对阿兰达人来说不仅是美丽的风景,更是从祖先那里传承下来的创造物。"在周围的风景里,他看见了那些令人敬畏的从遥远故事中遗留下来的痕迹,以及那些不朽生命刻下的印迹;那些生命会在不久的将来重新化为人形出现。而在他的感受中,很多生命就像他的父亲、祖父与兄弟姐妹一般。乡野就是他的生命,是一本古老的家谱。" ❶

澳大利亚地理学者 Robert Hay(1998)为探讨祖先文化对乡土依恋形成的重要性,对新西兰班克斯半岛的土著民族毛利人进行了访谈研究。研究表明,仍然与传统文化相联系的毛利人对半岛环境有根深蒂固的归属感,在毛利人的宇宙观中,人和土地是一体的。正如受访者所说:"我觉得自己是这里的一部分""阿卡罗阿港的两边对我来说就像肋骨一样,多年来一直是我的一部分。"❷ 毛利人的宇宙观建立在部落起源神话之上,毛利人称自己为 tangata whenua,这个词是指"人的胎盘地球母亲",它表达了毛利人对土地的深厚感情。大多数毛利人认为,自己身上的能量都来自于祖先的土地,土地是他们精神与灵魂的一部分,与土地建立联结意味着与祖先精神建立联结。

综上可知,土著人对土地的依恋与祖先崇拜信仰、土地原型和精神归属感的建构相关。

4.2.2 祖先崇拜、地方归属与乡土依恋

在非洲,祖先被视为"满足而宁静的灵魂",祖先观念在非洲人的精神世界中占据着十分重要的位置。迦纳神学家克利斯蒂安·贝塔曾指出:"我

---

❶ T.G.H. Strehlow(1947). Aranda Traditions [M]. Carlton:Melbourne University Press.

❷ Hay, R.(1998).A rooted sense of place in cross-cultural perspective [J]. Canadian Geographic,42(3),245-266.

们非洲人与我们的祖先生活在一起。"❶ 在非洲各族人的观念中，社会构成的主体并非单纯由活着的一代人组成，也由每一代人的祖先构成，祖先对每个人都具有非凡重要的意义。他们在世时，为后人留存土地、语言和各种文化要素，他们去世后，仍会以各种方式护佑家园，保佑家族及其部族成员。在非洲社会，祖先被认为是善灵和家族的保护神（李保平，1997）。非洲人认为，死者的灵魂并没有离开他们活着的亲人，逝去的祖先仍会继续影响后代的生活，而进行虔诚的祭祀和供奉可以与祖先神灵形成有效的联结。在非洲，许多大家庭、氏族或集团会定期与专司此事的祭司沟通，通过专门的方式对祖先的神灵顶礼膜拜，以增强祖先信仰、建立团结纽带（阿里·马兹鲁伊，2003）。

非洲人的地方归属感深受祖先崇拜信仰的影响。在非洲，土地是传统社会中最宝贵的资产，通过家庭传承下来，在耕种它的过程中，人与他们的祖先产生精神层面的联结，因为祖先自古以来就耕种它，并利用它来养育家庭。现代城市化的推进促使一部分非洲人从乡村移居城市，然而仍有70%的非洲人认为乡村是自身的一部分，他们居住在乡村中守护着祖先遗留下来的土地及传统文化。非洲人常说，"你不可能把乡村从一个人身上拿走"，另一种说法是"人到了大城市，但随身带着乡村"，其实，他们带在身边的是乡村根深蒂固的传统及生活方式（张宏明，2009）。

此外，许多非洲土著部落名称依据所在地域范围而确定。巴孔戈人住在一个叫孔戈的地方，所以称之为巴孔戈人。类似的还有布隆迪的巴隆迪人，布雷加的巴雷加人等。非洲土著人和他们所居住土地名字之间的联系基于土地是他们祖先遗产的一部分这一事实，土著人所在的每个部落都认为，祖先留存的土地不仅能赋予生命，而且它本身就具有生命。部落间的边界是由祖先迁居的传闻确定下来的，因此，没有理由去贪占其他部落的领地，而且既

---

❶ J.O.卡约德（1984）.了解非洲传统宗教.伊费：伊费大学出版社.

然他们起源于这片领地，去侵占别人的领地也就变得毫无意义了（石发林，2010）。在20世纪30年代，澳大利亚土著民族阿兰达部落对此信念给出这样的解释，"我们的祖先教导我们要热爱自己的家乡，别贪占属于别人的领地。他们告诉我们，衣巴陵伽在阿兰达人心中是最伟大的袋狸图腾中心，在创世纪之初，袋狸祖先从部落的四面八方独自来到衣巴陵伽，就永久地居于此地。我们对这里再满意不过了（Strehlow，1947）"❶。

个体或群体地方归属感的形成会受到祖先文化的影响。国外学者Hay（1998）对长期居住在新西兰班克斯半岛的欧洲裔进行了跟踪研究，被调查的现代居住者流动性较低，他们以祖先遗留的家庭农场为生，其居住体验也常与祖先的荣誉相连。其中有受访者谈道，"我非常喜欢鸽子湾，每次回去都会产生怀旧之情。读了所有家族的书籍和历史，我意识到他们（我的祖先）在鸽子湾建立农场所经历的一切，他们是多么努力地工作。由于我的血统原因，我觉得自己是其中的一部分……我深爱这个地方"❷。

此外，环境心理学家Scannell和Gifford（2017）使用内容分析法探索了乡土依恋体验的心理益处。研究发现，个体与他们的祖先或文化之间建立的联系成为个体地方归属感的重要来源。一名受访者在表达对伊拉克北部某地区的依恋情感时谈道，"它使我产生怀旧之情，因为这是我成长的地方。这里到处是山川和土地，它们恒久不变，那是我的家。我所有的祖辈都曾在那里生活过，在那里留下过历史痕迹。这让我觉得那里是我的归属——每个人都非常欢迎我"❸。

综上可知，个体或群体与祖先产生的精神层面联结会影响其对土地的依

---

❶ T.G.H. Strehlow（1947）. *Aranda Traditions* [M]. Carlton：Melbourne University Press.
❷ Hay, R.（1998）.A rooted sense of place in cross-cultural perspective [J]. *Canadian Geographic*，42（3），245-266.
❸ Scannell, L&Gifford, R（2017）.The experienced psychological benefits of place attachment [J]. *Journal of Environmental Psychology*，4（51），256-269.

恋及在此基础上建立的地方归属感。

4.2.3 祖先崇拜、文化归属与乡土依恋

（1）生命哲学与乡土依恋

中国是一个古老的农业大国，中国人自古以来就对土地倾注着深厚的情感。中国古代先民使用单音词，"土"与"地"也是两个分开独立的字。《说文解字》（简称《说文》）曰：土，"地之吐生万物者也"。地，"元气初分，轻清阳为天，重浊阴为地。万物所陈列也"。由此可知，在中国古代思想体系中，"土"是生产与繁衍生命的力量，土是人与万物的本源，有土斯有人，万物土中生。《释名·释地》云："土，吐也，吐生万物也。"《太平御览·地部》引《圣证论》："能吐生百物谓之土。"《白虎通义》云："地者，元气所生，万物之祖也。""地"是相对于"天"的宇宙哲学理念，是负载万物的载体，是古代圣贤赞颂的对象。例如《礼记·孔子闲居》曰："天无私覆，地无私载，日月无私照。"墨子所言，地是"仁慈"之最。《易经》曰："地势坤，君子当厚德载物。"由此可知，"土地"在中国文化中，汇聚着思想的精华，具有至上之美德，千百年来受到人们的崇敬与歌颂。

祖先与土地之间蕴含的生命哲学，集中体现在中国文化体系"祖"与"社"的关系中。在古代商人的观念中，土神与祖先备受尊崇。正如学者俞伟超（1989）所言："青铜时代多神世界观的信仰核心是地母神和祖先神。"根据甲骨文刻辞可知，商人祭祀土神与方神。土神是指保护某地域的神明，本义是指供养生命的土地，与生命维系有关；而方神是指庇护某一族群的始祖。直至西周末与春秋初期，对社神（土神）与方神的祭祀仍然存在。《小雅·甫田》记载："以社以方"，《大雅·云汉》中亦有"方社不莫"，然而这时的方神更多是指某家族的祖先。之后由于政治原因，具有地方性意义的方

神逐渐失去其重要性，而只有土神仍然存在。结合方神与土神在殷商时期的重要性，可以明了祖先与土地之间紧密的联系。商人重视祖先，热爱自己的土地，是因为他们了解祖先与土地的辩证关系，知晓生命来源、生命依托及生命意义。在商人看来，祖先是生命的起源，为使生命延续，则必须有丰富的收成。例如，把一颗种子埋在土里，不久即可见到幼苗，可见土地蕴藏强大的生命力；而始祖不仅是家族的根源，亦是孕育土地生机，使之丰收的生命之本源（雷焕章，1999）。

在中国，祖先与土地的联系还体现在"人生于土而后复归于土"的文化理念中。中国人将个体的生命视为天地阴阳和合的产物，也以气的聚散离合来理解生死过程及归宿（李向平，1989）。《论衡·论死》曰："人之所以生者，精气也"，而精气源自于天，故而，"人死精神升天，骸骨归土"。《意言·父母篇》曰："及其死，归精气于天，归形质于地，此其所以死也。"《礼运》载："魂气归于天，形魄归于地。"在中国人看来，人所具有的天精、地形之气，原为人身体上的魂魄、形神。附形之灵为魄，附气之神为魂。《礼记·祭义》中记载，"众生必死，死必归土，此之谓鬼。"《列子·天瑞篇》："精神者，天之分；骨骸者，地之分。属天清而散，属地浊而聚。精神离形，各归其真；故谓之鬼。鬼，归也，归其真宅。"由此可知，人死后即为鬼，且形归于土，魄归于地。但在中国"事死如事生""未知生，焉知死""未能事人焉能事鬼"等传统思想教化下，即使在死后的世界，依然有一套系统、完整的血缘人伦体系，影响着活人的世界，规范着后人的伦理。

土葬是中国传统的殡葬习俗，它与中国人根深蒂固的祖先崇拜、生殖崇拜和土地崇拜密切相关。中国人讲求"入土为安"，覆上黄土，形成丘陇，潜含生者希望借助土地再生功能，使逝者灵魂不灭、生命永恒的朴素生死观。正如法国人类学家列维·布留尔在《原始思维》中所说"任何一次出生都是转生"❶。在人类朴素的原始思维中，死亡与孕育是相辅相成的过程，死亡中孕育着新生命的伊始。在此间，土地作为具有特殊生殖力的象征，在生命两个最为重要的阶段发挥不可替代的作用——孕育与再生。

综上所述，在中国传统文化中，祖先崇拜与土地的关系受到中国文化生命哲学思想的影响。

（2）祭祀文化与乡土依恋

祭祀，是人们在固定场所，借助特定物品，以特有形式向敬奉的对象表达情感和愿望的行为。这种行为无疑具有宗教性，但更具有政治性和文化意味。在祭祀时，要借助文化语言，表示心愿，或歌颂祖先功德，或报告事项，或表达某种意愿，请求祖先指示。借助祭祀，生者与死者的灵魂得以沟通，从而形成精神联结以获得祖先庇佑、禳灾祈福。祭祖以祖先崇拜的形式表达，是人生的大礼。中国古代尤其重视对祖先的祭祀之礼。

祭祀要在固定场所和固定时间举行，因此在祖先崇拜的影响下形成了乡土依恋，即祭祖之人与祭祖场所（故乡宗祠）的联结。中国古时的祭祖场所可以由"祖宗"一词引出。祖先在中国也称为祖宗。《说文》："宗，尊祖庙也，从宀从示。""宀"，指房屋；示，指神祇，意为在室内对祖先进行祭祀。中国文化中的"祖宗"一词规制了中国式的宗法制度、建构了完整的亲缘伦理体系，塑造了地缘性的祭祀场所（尤明慧，2014）。宗庙、太庙、宗祠、家祠则是在祖先崇拜影响下建构的一系列标志性的地方场所。

在古代中国，对祖宗进行祭祀的场所叫祖庙。其中，帝王、诸侯的祖庙被尊称为宗庙、太庙，而上至贵族官僚、下至黎民百姓的祖庙则被称为家庙、祠堂。帝王宗庙被视为统治的象征，具有特殊的神圣性和极其崇高的地位。家庙则被视为家族的根本，是每一位家族成员的精神支柱。对于古人来

---

❶ 丁由（译）（1981）．原始思维．北京：商务印书馆．（Lvy-Bruhl, 1930）

说，这些祭祖建筑具有神秘、神圣和崇高性，他们心目中的坛庙，是神灵与苍生的感应场，是进行人神对话与交流的圣域（龙霄飞，1996）。

宗庙和太庙是古代帝王和诸侯祭祀祖先的场所。从考古发现和文献记载的情况看，在夏王朝后期便已出现了专门的宗庙建筑。殷商晚期，宗庙制度已初具轮廓，宗庙建筑的规模也相当可观。太庙即天子的宗庙，是封建帝王祭祀祖先的地方。宗庙是古代宗法血缘政治的标志，是王权统治的精神支柱，所以，在漫长的古代社会，统治阶级都十分重视宗庙的营建。宗庙的建造蕴含了中国文化的宇宙哲学。《周礼·考工记》中所述"左祖右社"的说法，就表明祖先崇拜信仰与中国的宇宙观相结合，落实在外在的实体建筑场所中。

在中国的传统文化中，家族观念根深蒂固。往往一个家族要选一块风水宝地，然后为祖先建立家庙，这样的家庙实际上就是民间的"祠堂"。祠堂在中国古代封建等级社会中，是维护礼法的一种制度，它是一个家族的象征和中心，所谓"族必有祠"，十几户有血亲关系的族户要建一所祠堂，更大的族群则要建"总祠"。祠堂是祭祖的圣地，祖先的象征，所以在朱熹的《家礼》中就明确规定："君子将营宫室，先立祠堂于正寝之东"，在遇上灾害或外人侵盗时，要"先救祠堂，迁神主遗书，次及祭品，后及家财"，把祠堂放在高于一切、关乎宗族命运的神圣地位（冯尔康，2013）。

祭祖活动既是权利，又是义务。从宋代开始，祭祖就开始固定为"祠祭"和"墓祭"了，祭祖一般在春季的清明节和秋季的中元节进行。《续通典》卷五二《礼》记载："民间重视清明和冬至两次祭祀。"清明节时，各宗族扫墓祭祖，在祖坟进行，也有的宗族在祖坟与祠堂两处都举行祭礼。冬至祭祖在祠堂进行，是全族的大祭祀。祭祖强化了子孙与祖先的血缘联结，提升了个体的生命内涵和精神意义，是宗族和睦的外在体现，是传统孝道的延续方式（王鹤鸣等，2013）。祠堂和祖坟作为承载情感和延续功能的场所，发挥了重要作用。

（3）伦理道德与乡土依恋

"祖宗，人之本也；族人，吾族一本之所分也。""尊祖敬宗，所以报本。""人所以传家守业，世泽绵长者，无不由祖宗积累所致，故为子孙者，不可一日忘祖。""世有显亲扬名称贤子孙者，由其祖宗积德。"唯祖德是续，唯祖训是遵等理念深深根植于中国人灵魂中，它的产生与儒学思想家孔子密切相关。孔子将血缘性的"孝"与政治统治性的"礼"相结合，同时又把"孝"所具备的血缘关系变为政治制度和社会习俗以及生活惯例的自然基础。在对祖先的态度方面，孔子将祭祀视为维持伦理秩序的途径，故有"生事之以礼，死葬之以礼，祭之以礼"的说法。

《韩非子·五蠹》曰："上古竞于道德，中世逐于智谋，当今争于气力。"春秋末年，出现礼崩乐坏的局面。战国时期，西周宗法制瓦解，氏族体制和亲属关系也随之崩毁。以孔子为代表的儒学思想家认识到，在祖先崇拜中，存在一种来源于"孝""悌"力量的情感源泉，它能起到强有力的血缘纽带作用。因此，"孝""悌"作为基础，"亲亲尊尊"作为标准，被儒家纳入"以仁释礼"的"仁学"模式中。"以仁释礼"就是使外在的血缘关系（礼）服从于内在的道德伦理（仁）。在实践中，孔子把"礼"的血缘实质规定为"孝悌"，又把"孝悌"建筑在日常亲子之爱上，把原来僵硬的规定提升为生活的自觉理念，把一种宗教性神秘性的东西变为人情日用之常，使伦理规范与心理欲求融为一体。这就是"道"，道在伦常日用之中（李泽厚，2003）。

麦天枢（1988）在报告文学《西部在移民》中有一个片段描述了祖先崇拜所衍生的孝悌人伦和道德伦理对当代中国人产生的影响。中国甘肃中部以"陇中苦、甲天下"为称的定西地区，中国宁夏西南著名的西海干旱地区，大约有七十万生计无着、衣食艰难的百姓。根据1983年春由国务院专会批准，中央财政支持的移民计划，或西上千里往河西走廊定居，或迁出重岭往新开垦的黄河河谷灌区落户。旱沟村李百年老汉儿子与父亲发生争执，原因是儿子要搬出此地，不再陪父亲守祖坟了。在儿子和儿媳打点行李上路后，李百年老汉跑到山背后的祖坟堆前，半跪半坐地在地上淌眼泪，嘴里喃喃自语："不孝的，贼不孝的，都走了，多少辈子了，旱沟哪有过这摊场，连祖宗都不要了，还要祖宗的魂魂也讨口去么……"

儿子走后，独守李家祖坟的李老汉将旱沟坡上的李家祖坟和其他与李家沾亲带故的坟头一一拔去杂草。李老汉又培了几遭新土，孤寂的阴魂受到了比往常更加细心的照料。终于无事可做的时候，老人家就坐在窑顶上，看着一坡断墙弄院，一遍遍地喃喃："都走了，都走了，不孝的都走了……"最后，儿子不忍李老汉独守空地，向他承诺"每年清明、腊八，一定不忘祭祖宗；日后真看这川里'地气'好，就把祖宗骨头也迁下来……"李老汉才离开故里。受到中国传统文化的影响，在众多中国人的观念中，祖先崇拜与伦理道德相联系，家乡故里与埋葬祖先的土地密不可分。因此，祖先崇拜与乡土依恋的关系也受到祖先文化及其所衍生的伦理道德的影响。

综上所述，祖先崇拜与中国传统文化中的生命哲学、祭祀文化和伦理道德紧密联系，并深刻地影响人地之间的联系。

4.3 "洪洞大槐树"祖先崇拜与乡土依恋关系研究

山西"洪洞大槐树"作为移民文化的标志，其文化表现形式是寻根祭祖，其核心精神是中国文化传统下的尊祖敬宗，即祖先崇拜文化。本节研究以"洪洞大槐树"祖先崇拜现象为切入点，探讨"洪洞大槐树"所呈现的祖先崇拜文化对人—地之间特定联结的影响作用及其心理动力机制。

4.3.1 研究方法与资料分析

研究主要运用半结构式访谈搜集资料，并利用扎根理论对资料进行分析。

（1）研究取样

乡土依恋是一种经过文化与社会特征改造的特殊人地关系。前往"洪洞大槐树"的人群中，有洪洞县本地居民、有旅游参观者、有寻根祭祖者，也有移民后裔，他们虽对"洪洞大槐树"产生不同程度的情感联结，但都可以被认为是对"洪洞大槐树"产生乡土依恋的个体。

本研究以到访"洪洞大槐树"的自由旅游参观者、寻根祭祖者和移民后裔为主要访谈对象。在访谈进行之前，向访谈对象详细解释访谈目的并赠予小礼品以示感谢。访谈时间为 2019 年 4—6 月，研究选取了 60 名（男 40 人，女 20 人）访谈对象，其中年龄从 24 岁到 80 岁（21~30 岁 4 人；31~40 岁 16 人；41~50 岁 22 人；51 岁以上 18 人）；已婚 57 人，未婚 3 人；本地 12 人，非本地 48 人；移民后裔 34 人，非移民后裔 26 人；首次到访"洪洞大槐树"为 31 人，多次到访为 29 人。

（2）资料搜集

在正式访谈之前，研究者与"洪洞大槐树"祭祖园的工作人员沟通协调后，选定了 3 位在大槐树参加祭祖仪式的寻根祭祖者进行试验性的预访谈。预访谈围绕"祭祖体验"这一研究主题，邀请受访者用自己的语言发表看法，谈论体验，目的在于了解寻根祭祖者对祖先的认识和他们来此祭祖的体验等，为下一步设计正式访谈提纲提供基础。

正式访谈选择在大槐树祭祖堂附近和祭祖休憩茶厅内等安静不受干扰的环境中进行。访谈提纲主要涉及三个方面：第一，祭祖者祭祖时的知情意等一般情况（对祖先的认知、祭祖时的情感体验、祭祖的行为习惯）；第二，祭祖者的家族祭祖习俗；第三，"洪洞大槐树"对祭祖者产生的影响（认知、记忆和情感体验等）。这三个层面是逐步递进、不断深入的关系。

（3）资料分析

本研究基于扎根理论，运用理论编码来分析研究过程中搜集的资料，以期进一步发展理论。资料分析过程是原始资料概念化、范畴化和理论化的过程，主要包括开放式编码、主轴编码和选择性编码三个程序。

运用 QSR Nvivo 11.0 质性分析软件对所搜集的原始资料进行整理、分析和编码。该软件有助于将无结构的、非数值性的中文文本资料进行理论化建构，研究者通过搜寻和编码两个步骤建立资料索引，从而搭建逻辑关系和理论框架（图4-1）。

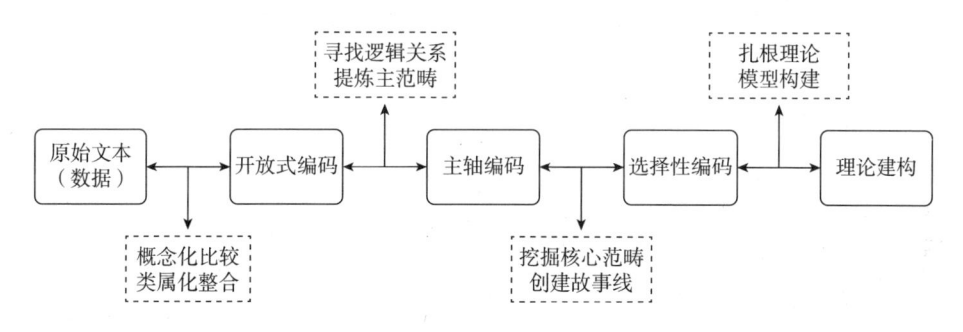

图4-1 基于扎根理论的资料分析流程

首先，对每一个受访者设置相应的编号（W1、M2……M6），如第一位女性受访者为W1，第一位男性受访者为M1。其次，将原始资料文本导入Nvivo 11.0中，再对导入的原始资料进行逐层编码。

在扎根理论中，开放式编码是处理资料的第一步。开放式编码是对原始文本资料进行概念化比较和类属化整合的过程，以此获取初始概念、发现针对性概念范畴。在本研究的开放式编码阶段，从访谈资料的原始语句中，尽可能选取受访人的原话作为命名概念的标准，以此对原始资料进行概念化和类属化。以词语、句子和段落为分析单位，获得204个初始概念；通过寻找反复出现的意义单元，将具有相似特征和意义的概念以分析合并和归纳的方式形成范畴，最终建立20个范畴。

之后，在开放式编码所建立的编码系统基础上，对资料进行的类属分析是主轴编码过程（表4-1）。主轴编码的主要任务是分析和发现各范畴之间的逻辑关系，从而将彼此独立分散的范畴联结在一起，提炼出主范畴。在本阶段，将编码系统呈现的与主题相关之内容及意义做进一步提取，通过同类比较、异类比较、横向比较和纵向比较，进行归类重组后共获得"洪洞大槐树"祖先崇拜文化对乡土依恋影响的8类主范畴。

表4-1 开放式编码及主轴编码

开放式编码（范畴化）	参考点（个数）	主轴编码（主范畴）
文化符号	16	口头传播
移民民谣和故事	22	
家谱	4	文字记载
碑文	3	
归属地困惑	2	归属地认知
归属地认同	3	
寻求生命的意义	11	祭祖体验
寻求祖先的庇护	3	
自我心灵的净化	3	
寻求生命的完整	8	
寻根祭祖行为	10	自我身份认同
与祖先情感递进	16	
生命归属认知	13	
唤起过往回忆	12	自我连贯性体验
缅怀先祖足迹	6	
活在当下的感悟	20	
祭祀祖先的习俗	8	家族文化传承
家族血缘传承	31	
儒家孝悌文化	6	中国传统文化
中国姓氏文化	7	

注：参考点指开放式编码各个主题内容出现的次数。

选择性编码的目的在于从更抽象的层面上聚拢主轴编码发展出的范畴，即从主范畴中挖掘具有统领作用的核心范畴，围绕提炼出的核心范畴，勾画出能够联结和描述整个过程的故事线，从而构建理论框架（表4-2）。

表4-2 选择性编码形成的主范畴及子范畴

主范畴	子范畴	关系的内涵
地方归属感建立	口头传播	文化符号和移民民谣故事会对寻根祭祖者地方归属感的建立产生影响
	文字记载	家谱或碑文影响个体或群体地方归属感建立
	归属地认知	归属地困惑和归属地认同影响地方归属感建立
精神归属感建立	祭祖体验	包括寻求生命的意义、寻求祖先的庇护、自我心灵的净化和寻求生命的完整
	自我身份认同	包括寻根祭祖行为、与祖先情感递进和生命归属认知
	自我连贯性体验	包括唤起过往记忆、缅怀先祖足迹和活在当下的感悟
文化归属感建立	家族文化传承	祭祀祖先的习俗和家族血缘传承影响寻根祭祖者的文化归属感建立
	中国传统文化	儒家孝悌文化和中国姓氏文化影响寻根祭祖者的文化归属感建立

（4）理论建构

本研究采取自下而上建构理论的方式，从原始资料出发，依据资料的特性通过归纳分析逐步建构理论框架（陈向明，2000）。具体包括以下步骤：

步骤一，在选择性编码的基础上探索核心类属或主题。在选择性编码树状节点的基础上，进一步对不同类属之间的关系进行探索，发现"地方归属感建立"和"文化归属感建立"两个树状节点都可以被"外源性动力"这一节点覆盖，而"精神归属感建立"可以由"内生性动力"这一节点所涵盖。综上，最终发展出核心范畴"动力机制"。

步骤二，依据资料的特性初步建立理论框架。基于步骤一的结果，将三级编码产生的三个树状节点分别还原到受访者的访谈记录中发现，自我身份认同是内生性动力的核心驱动力，它与祭祖体验和自我连贯性体验共同作用形成"洪洞大槐树"祖先崇拜文化对乡土依恋影响的内在动力；地方归属感建立和文化归属感建立受到外在家庭文化和中国传统文化所传递出的祖先崇拜理念的影响，从而对乡土依恋产生作用，它们是"洪洞大槐树"祖先崇拜文化对乡土依恋影响的外源性动力。综上，发展出理论模型的核心范畴，即"洪洞大槐树"祖先崇拜文化对乡土依恋影响的动力机制。

步骤三，建立具有内在一致性的理论体系。具体来说，将内生性动力的精神归属感建立、外源性动力的地方归属感建立和文化归属感建立及其相关内容进行整合并建构理论模型，即"洪洞大槐树"祖先崇拜文化对乡土依恋影响的动力机制（图4-2）。

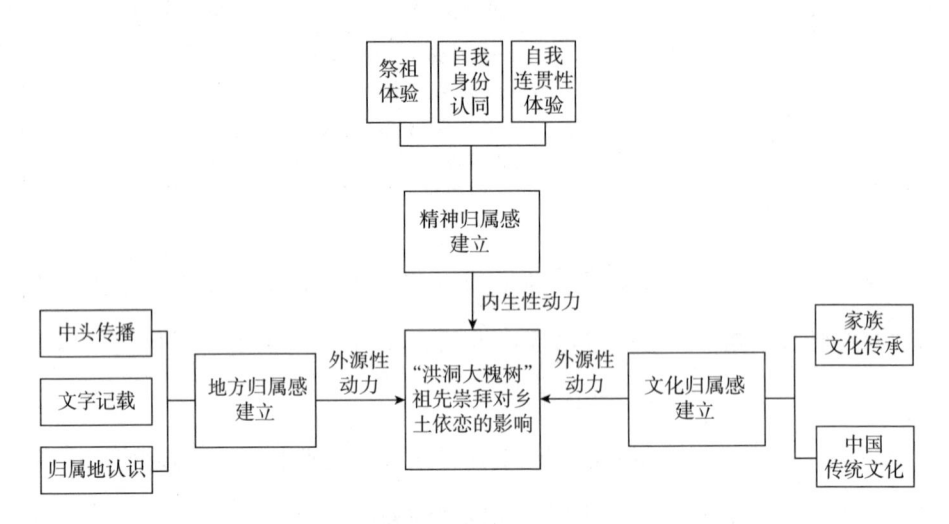

图4-2 "洪洞大槐树"祖先崇拜文化对乡土依恋影响的动力机制模型

（5）人—地联结的程度与类型

通过上述分析可知，在"洪洞大槐树"祖先崇拜文化对乡土依恋影响的动力机制中，精神归属感建立作为内生性动力对乡土依恋的形成起到重要作用。回到访谈资料中可以发现，精神归属感建立包含的三种方式是个体与特定的地理环境互动所形成的结果，即与个体在"洪洞大槐树"的地方精神体验紧密相关，而地方精神体验程度的不同也会影响人地联结的程度。

总体来看，到访"洪洞大槐树"的受访者会形成三种不同程度的地方精神体验，地方精神体验的程度不同，人地联结的紧密性和长久性也不同。具体表现为，个体将自身经验与祖先文化相结合，受这种地方精神体验影响而形成的人地联结关系较初级且缺乏稳定性；个体将与大槐树相关的过往精神体验与当前精神体验相结合，受到这种地方精神体验影响而形成的人地联结关系渐趋稳定和亲密；个体在无意识层面将土地母性精神与祖先父性精神相结合，受到这种地方精神体验影响而形成的人地联结最为稳定和亲密。基于此，概括出到访"洪洞大槐树"的个体所形成的三种不同程度的地方精神体验和三种不同类型的人地关系（图4-3）。

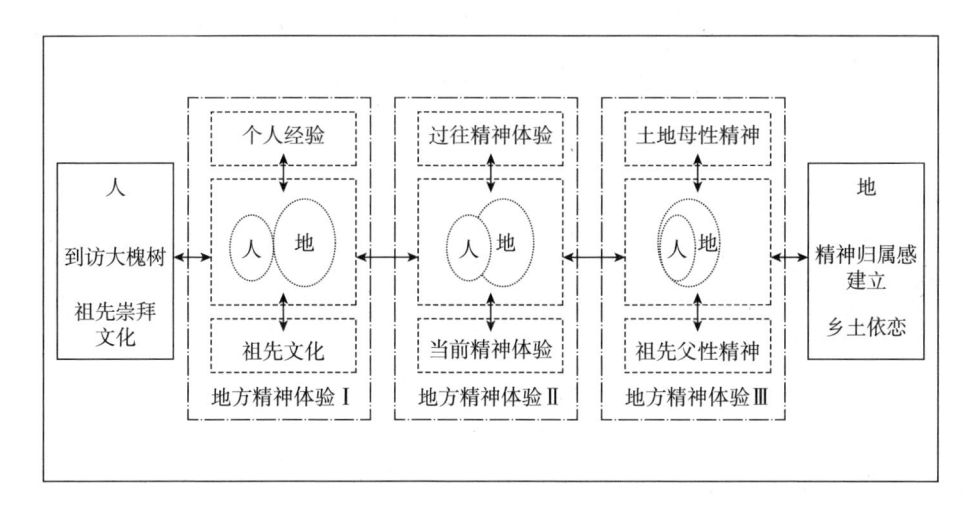

图4-3 "洪洞大槐树"人—地互动框架

4.3.2 结果与访谈示例

（1）地方归属感建立

无论是通过口头传播的民谣和故事，还是通过文字记载的家谱和碑文，它们都有助于传播、解释和明晰地方意义。通过讲故事形成的记忆、信仰和意义，成为强有力的有意义的仪式和文化事件，传达着一个特定地理环境的重要性。个体或群体与特定地方的联系具有认知性，它们包括使一个地方有意义的知识、记忆和信念。"洪洞大槐树"文化影响个体或群体地方归属感的建构，具体可以表现为口头传播，文字记载和归属地认知。口头传播以"洪洞大槐树"的文化符号、移民民谣和故事为主要传播方式。

W4：总是听父亲说起，"洪洞大槐树"是祖根，人要认祖归宗。这次与父亲同来，寻根祭祖。

M52：我小时候，"咱村子里六姓，都是燕王登基坐殿时，从山西洪洞县大槐树下迁来的。"说着说着，奶奶还会哼唱一首歌谣："要问老家在何处，山西洪洞大槐树；祖先故居叫什么？洪洞城北老鹳窝！那里本是那平阳府，那里有条汾水河……"

M60：儿时，我听奶奶讲过这么一个故事：咱天下人的老家，都在一棵大槐树底下，这棵大槐树，在山西洪洞县。凡是从大槐树底下来的人，小脚趾盖上都有一道裂纹。

文字记载主要以有文字记录的家谱和碑文为主。

M44：我老祖宗是洪洞大槐树的，家谱记载到现在已经有17代了，我今年80岁了。总是听说大槐树的传说，今天携带全家亲自来看看，我还拍了许多照片、图片和历史资料，回去慢慢整理回味。

M17：我今年76岁了，是第二次到这里。我对洪洞大槐树还是很有情结的，很小的时候就常听老辈提起"问我祖先来何处，山西洪洞大槐树"。而且，我们河南老家村口石碑也有记载是从大槐树迁来的。

归属地认知主要是指个体对"洪洞大槐树"口头传播或文字记载信息的认知反应。

M16：小时候，常听老人讲大槐树的故事，还说老家是在大槐树。当时我还纳闷一棵槐树怎么就成了千万人的"故乡"了呢？

M10：小时候，常听父亲说起"小脚趾两瓣的，就是从大槐树出来的"。自己就暗暗认定根在大槐树，这次是第一次携带全家来到这里，很有纪念意义。

（2）精神归属感建立

在"洪洞大槐树"寻根祭祖文化氛围中，以寻根祭祖为目的的个体或群体有机会对自己家族的祖先、祖先文化和姓氏文化等建立感性的认知和精神体验，以此在精神层面获得归属感。寻根祭祖的个体或群体到访大槐树，与祖先产生精神联结后形成的地方归属感可分为三个部分：祭祖体验、自我身份认同和自我连贯性体验。其中，祭祖体验分为寻求生命的意义、寻求祖先的庇护、自我心灵的净化和寻求生命的完整几种形式。

M34：跪拜的那一刻，我心中涌现很多，有对家人的祈福，有对祖先的怀念。我觉得，是祖先们在默默地指引我发展的方向，引导我的行为方式。来这里也希望从祖先文化中获得更多积极的能量和力量。

M18：年轻时，借工作机会经常会到这里来，当时年轻，自己向李氏家族祖先祭拜，希望得到祖先庇佑，还经常讨个祈福牌。

W33：我来大槐树很多次了，每次都会到"胡"姓祖先牌位前点香磕头祈福。磕头的时候，我会有一种灵魂的关照的感觉，那是一种宗教般的神圣和敬畏。在敬畏中我有一种体悟——净土并不在别处，都在你心中。

W5：祖先是我们每个人的根，没有祖先，哪有现在的自己，要感恩祖先。我在祭拜祖先时没有特别的感受，只是习以为常的惯例。因为家族中有祭祖的习俗，每逢过节、结婚等大事，都会请出祖先供奉并祭拜。所以，当你问我祭拜时的感受，我只能说没有特别的感受，只是习以为常的惯例。对我而言，祭拜祖先或者说自家祖先早已成为我生命中不可或缺的一部分。

自我身份认同由寻根祭祖行为、与祖先情感递进和生命归属认知三方面构成。

M19：我是从甘肃来的，据我们那里的传说讲，祖先是从大槐树处迁出去的。我来到这里的目的是想看看传说中的"大槐树"到底是地名还是真正的树。中国人常讲落叶归根，所以这次特意来这里寻根祭祖。

W4：自己来到这里之前对祖先没什么概念，总觉得离自己很遥远。但是在祭祖堂祭拜过祖先后，感觉祖先是那么亲切，对祖先也有不一样的认识了。

W21：老父亲是移民后裔，但直到去世也没来过大槐树。大槐树，在我记忆中是一个抽象的代名词，它似乎很陌生，很遥远。今天亲自来到这里，站在这片土地上，才感到先祖的一切在这里变得那么真实，那么可信，同样让我感动，它震撼着我。

M3：没有移民祖先，就不会有现在的自己。来到这里，我对祖先的理解也变得深刻，根与祖先是相关的，树有根才能生长，人有祖先才能至今。

自我连贯性以唤起过往回忆、缅怀先祖足迹和活在当下的感悟三种形式实现。

M48：来到"洪洞大槐树"，我忆起儿时小伙伴们在村头的老槐树下过家家、做游戏，听着大槐树的故事和民谣。大人小孩都对村头的槐树充满着敬畏。

M23：来到这里是为了缅怀过去，重走祖先走过的路，这里是老祖宗生活过的地方，祖先很是伟大，受尽苦难，在外开拓新的疆土，为后人创造出一片新天地，祖先的精神值得发扬。人不能忘本，不能忘祖，根是本，是源头。

W24：对大槐树寻根祭祖文化听闻已久，这次来主要是为了体验和感受这里的文化氛围，对祖先文化也便有个清楚明晰的认识，中国五千年文化，没有祖先、没有传承，就没有现在的自己。

（3）文化归属感建立

家族文化传承和中国传统文化两方面影响"洪洞大槐树"寻根祭祖者文化归属感的建立。家族文化传承以祭祀祖先的习俗和家族血缘传承为主；中国传统文化以儒家孝悌文化和中国姓氏文化为主。

M13：家里的老人说我们是山西洪洞大槐树移民过来的。在我们那里有公共祠堂，祭祖已成习俗。按推算，这里应该算我们最早的公共祠堂了，所以一定要回来看看。

M50：每逢清明祭奠祖先时，总会遇到同辈或晚辈，我们也算是祖先共同的子孙。每当这个时候，心里总会有家族兴旺、后继有人的骄傲！

M58：这次专程来大槐树寻根祭祖，也算是替我父亲以及自己家族去追溯历史的根源吧。特别是在父母去世后，我对孝道和中国的孝文化有更深刻的理解。祭祖堂内，我在祖先和父母姓氏的牌位前鞠躬磕头，以此缅怀和感恩父母对我们子女的养育之情。

M22：大槐树是中国寻根祭祖文化的符号，每个中国人都渴望了解自己的来源、血脉和根源，这次来到这里有心体验这种文化。到这里后会产生一种归属感，特别是看到姓氏文化及祖先姓氏牌位时，心里很激动。看到自己姓氏的祖先家训，这些家训有历史缘由、有来源出处，内容真实可靠，我对此很感兴趣。

4.3.3　效度检验

扎根理论是一种质性研究方法。质性研究不强调信度，倾向于用"效度"来评估质化研究的质量（吴继霞，黄希庭，2012）。本研究主要采用非参与者检验法进行效度检验。

（1）非参与者检验

由于本研究是从心理学角度对乡土依恋现象进行解读，考虑到对理论效度的检验结果，故选择 2 名具有心理学理论知识背景的检验者；考虑到拜访过大槐树和未拜访过大槐树的个体之间心理情感体验的不同，检验者中还有 2 名到访过大槐树的个体。他们分别对研究结果提出自己的看法和建议。

总结 4 位检验者的反馈建议，并采取不同方式加以处理。对于检验者反馈与研究结果一致的部分，仍然保留研究结论；对于检验者反馈与研究结果不一致的部分，研究者以搜集的原始资料为判断依据，对于证据充足的结论予以保留，对于证据不足的结论则进行修改。对比两类检验者（到访过和未到访过大槐树）的反馈建议发现，到访过大槐树的检验者会更多地结合自身经历和体验提出建议，而未到访过大槐树的检验者则更多地依据自身的知识背景提出建议。无论哪类反馈建议，都有助于研究者从不同视角和维度提高研究结果的效度。

将不同检验者的反馈意见及研究者对反馈意见的处理方式整理如下：检验者（一）不理解一级编码中的"体验当下"，认为此表述不明确。研究者重新分析原始资料，发现受访者提出的想法和感受等都是一种当下状态的感悟，故将"体验当下"明确化为"活在当下的感悟"。检验者（二）认为家谱和碑文属于实物范畴，二级编码中"文字记载"可调整为"实物记载"。研究者重新分析原始资料，文字记载相对于口头传播方式而言，体现的是一种书面记录方式，是另一种信息传播形式，而"实物记载"无法体现上述内容，故保留原编码名称。

（2）研究过程中对效度风险的规避

第一，抽样带来的效度风险。

质性研究抽样注重研究对象能在多大程度上针对所研究的内容提供信

息。考虑到上述要求，研究者在抽样时选取语言表达能力和反思能力较强的人群为受访者，以保证所抽取的访谈对象能提供较全面和深刻的信息。

第二，资料搜集和分析过程中的效度风险。

在资料搜集过程中，研究者严格遵循质性研究所具有的真实性和有效性原则，多次进入研究现场——山西"洪洞大槐树"寻根祭祖园，对受访者和现场情境进行观察记录，及时获取第一手资料。为了保持研究设计的严谨性，所运用的访谈提纲依据预访谈内容制定，具有可行性和结构性；访谈目的及所搜集资料的意义性也相对明确。在正式访谈时，研究者尽量将访谈提纲内化，共情受访者的感受和体验，不评价受访者提供的信息，鼓励受访者自我反思，从而获取较有效的研究资料。

在编码过程中，研究者尽量采用活码，即直接使用研究对象的言语，以降低解释性效度风险。为了检验编码的有效性和一致性，研究者选取选择性编码的结果作为研究对象，将编码结果与另一位心理学专业人员的编码结果进行分析比较。结果显示 Kappa 值为 0.6765，表明编码的内部一致性较好（Kappa 值在 0.40~0.75 区间属于一致性较好），编码一致性比较分析结果见表 4-3。

表 4-3　编码一致性比较分析

Kappa	Agreement (%)	A and B (%)	Not A and Not B (%)	Disagreement (%)	A and Not B (%)	B and Not A (%)
0.6765	96.48	4.00	92.47	3.52	2.87	0.66

4.3.4　讨论

（1）"洪洞大槐树"地方精神体验的三种形式

地方精神体验使个体的精神归属感建立成为现实。故土可以为个人提供表达身份和确认身份的机会（Proshansky，1978），因此在发展和维护个人自我认同和群体认同方面发挥着非常重要的作用（Davenport，2005）。在"洪洞大槐树"地方精神体验的第一种类型中，个体将自身经验与祖先文化相结合，有助于自我身份认同的建立。个人经验包括个人对依恋地所具有的知识、记忆、情感和信念等要素，对大槐树有独特个人体验的寻根祭祖者特别是移民后裔，回到祖先故地体验祖先文化，本身就是自我身份认同的过程。

特定的地理空间不仅在个体身份认同的建构过程中发挥重要作用，而且作为记忆的仓库，它储存个体和集体的记忆，记忆将感觉和感知相结合，创造出可以用来回忆的信息或过往经历的图像。一个具有重要意义的地方，能唤起个体的记忆，将其与过去的事件和人物联系在一起（Cooper Marcus，1992）。在此基础上，故土创造了跨越时间的连续性，或者允许个人比较他们现在和过去的自我，从这种意义上讲，故土代表了个人历史的一部分（Twigger-Ross，1996）。此外，Manzo（2005）认为，与特定地方相关的记忆唤醒可以快速地赋予地方意义，他称这些为关键时刻或闪点时刻，大槐树寻根祭祖者回到故乡的土地上，唤醒相关记忆的同时也赋予大槐树特定意义。

在"洪洞大槐树"地方精神体验的第二种类型中，唤起回忆和当下的体验相结合使得个体或群体将过往精神体验与当前精神体验相联结，在时空中形成个体连续性，这种连续性的体验对大槐树移民后裔尤为重要。相关研究表明，从居住地强制迁移会造成个体连续性的中断（Fred，1966），移民后裔心中的代际创伤和个体连续性中断的体验，需要修复和承载的空间。个体置身于"洪洞大槐树"这个充满祭祖文化氛围的意义空间中，对大槐树及祖先文化的认知和情感是一种聚焦当下的体验。当大槐树唤起寻根祭祖者过去的记忆和经历时，过去与现在相结合的精神体验为个体提供跨越时间的连续性。

"洪洞大槐树"地方精神体验的第三种类型是土地母性精神与祖先父性精神的结合。这种联结存在于内在心灵的原型层面，与父亲意象和母亲意象有关。法国人类学家列维·布留尔（1922）提出了神秘参与的概念，他认为，"在无意识参与的无差别状态中，一个人与他或她的环境、部落或土地融合在一起"。土地与母性精神及潜意识密切联系，个体与潜意识的关系把我们绑定在土地上（荣格，1931）。父性原型与国家、法律、理性、自然精神和动力相关，祖先代表权威、理性与秩序，祖先父性精神与土地母性精神之间"内在性"的结合揭示了更深刻的人地联结关系。

（2）文化在祖先崇拜与乡土依恋关系中所起的作用

从建构主义的角度看，乡土依恋是指个体或群体在文化层面上，将故土或特定地理空间的象征意义与情感联系起来的互动过程（Low，1992）。乡土借助与价值和信仰相关的抽象符号将人们与国家、宗教或文化联系，唤起个体或群体的内在文化价值体验，进而与故土或特定意义空间产生联结。

大槐树寻根祭祖文化根植于中国传统文化，中国文化中本就存在浓烈的祖先崇拜文化基因，上到推崇开天辟地的女娲，有功德于民的尧舜禹，下至一般的宗族祖先、家族先贤等凡是有功于民的先祖都会被追溯祭祀，并奉为神灵，后世子孙以先祖功德为荣，以先祖功业为傲，一方面希望得到祖先的庇佑，另一方面以先祖为楷模，昭示后代，继承前志。中国文化中祖先崇拜的形成发展可追溯至西周时期，在"敬天、尊祖、保民"的思想中，天被认为是最高主宰，祖则是具体的、可效法的精神标杆。这种政治理论，以宗族为基础，通过一系列礼仪制度在现实中得以深入展开。春秋战国以后，这种思想被以孔子为首的儒家所继承，并与家族、家庭伦理相结合，形成了立体的、全方位的尊祖文化。

尊祖敬宗从现实出发，从人性情感和道德伦理出发，向前追溯至先祖。

在追忆、怀念、敬畏和感恩的情感中构建自身的神圣世界，以获得精神超越，实现人生理想与意义。尊祖文化体现的是中国人对真挚亲情的依恋，它与中国人最深层的精神诉求和心理相契合，是中国传统文化的重要组成部分。

大槐树寻根文化归根结底是对先祖崇敬心理的延伸，是对生命传承的感恩与敬畏，是对生命本源和生命意义的追思与探寻。关于生命本源与意义的探求可以归结为"我是谁？从哪里来？到哪里去？"这一基本问题。然而这样的哲学思考，在中国文化中很早就有所体现。段玉裁在注引《礼记·礼运》时有"人者，天地之心"的发挥，并加按语说："惟人为天地之心，故天地所生，此为极贵。天地之心谓之人，能与天地合德"。古代先民朴素的"天人合一"观渗透着中华民族的生命哲学观。祖先是生命之所出，是生命之源，对先祖的追溯与尊崇，有助于个体产生生命永恒性，进而缓解心灵深处由生命短暂而引发的焦虑感。

寻根祭祖现象也与儒家孝悌文化相关。千百年来，"孝悌"观念扎根于中华民族发展的土壤中，成为中华文明区别于其他文明的重大文化现象之一。中华民族最早的"孝"观念源自上古祭天祀祖的仪式。西周有宗法制度，产生五伦观念，"孝道"由此产生，周人将"孝"这一伦理精神寄托于享祭祖先的宗教活动中。之后，孔子将流于形式的孝行内省化、人性化，实现了"孝文化"在道德化、普适化、伦理化的发展。《论语·学而篇》曰："慎终追远，民德归厚矣。"慎终追远是后人表达孝意的方式，对山西洪洞大槐树和老鹳窝的寻求，对祖先发祥地的尊崇和敬仰，是中华民族慎终追远、传承孝道精神理念的集中体现，是深层孝悌文化的表征落实，是寻根者在心灵层面展开的灵魂之旅。

中国文化的血缘关系落实在姓氏文化中，姓氏使血缘有据可依。中国人的姓氏源远流长，"姓"产生于母系氏族社会，其根源于同一女性始祖，本义是具有共同血缘关系的族群所使用的符号标志；"氏"起源于父系氏族社会，其根源于同一父姓族祖，本义是分出去的各支系（别庶）开氏始祖的符号标志。无论是祭祖堂前查找姓氏虔诚祭拜祖先的人，还是前来大槐树依据姓氏寻根的人，"洪洞大槐树"的根祖文化系紧了中国姓氏的血缘情结。

Virden 和 Walker（1999）认为，文化借助共享的历史经验、价值观和符号将群体成员联系在一起。它们来自历史事件和其他群体成员共同的经历，这些意义通过家庭及文化关系被传递给后代。总之，大槐树乡土依恋现象与中国传统文化和家庭文化的传承密不可分。

4.4 小结

本章分三个部分论述祖先崇拜对乡土依恋的影响作用。

第一部分从原型层面分析，世界上大多数民族的创世祖先或起源神话都与土地原型相关，故祖先崇拜对乡土依恋的影响具有原型层面的意义。

第二部分结合大洋洲的土著文化、非洲文化和中国文化中的祖先崇拜现象对所研究问题进行了理论论证。大洋洲土著人的祖先崇拜文化起源于"梦幻时代"的宗教信仰，与土地及归属地相连就是与祖先的精神相连，对乡土的依恋可使大洋洲土著居民获得精神归属感。通过对非洲的祖先崇拜文化及国外相关研究进行探索发现，个体将祖先生存、开垦及耕种过的土地视为自身生命的一部分，从而塑造地方归属感。在中国，祖先崇拜通过中国传统文化下的生命哲学、祭祀文化与伦理道德对乡土依恋产生影响。需要注意的是，地方归属感、精神归属感和文化归属感这三个因素并不是以单一的方式呈现在某一文化中。

第三部分通过实证研究，探讨"洪洞大槐树"祖先崇拜文化对乡土依恋的影响。研究发现，地方归属感建立、精神归属感建立和文化归属感建立受到祖先崇拜文化的影响，成为"洪洞大槐树"乡土依恋形成的动力因素。其中，"地方归属感建立"和"文化归属感建立"属于外源性动力，"精神归属感建立"属于"内生性动力"。精神归属感的建立在地方精神体验中予以实现，从而引导出到访"洪洞大槐树"的个体或群体，在地方精神体验中形成三种不同程度的人地联结。

  理论研究与实证研究相结合，表明祖先崇拜文化现象影响乡土依恋现象的形成。

第 5 章 文化情结对乡土依恋的影响

第 5 章
文化情结对乡土依恋的影响

文化情结可以被定义为充满情感的思想和图像的集合，这些思想和图像往往围绕着一个原型核心，并由一个确定的集体中的个体共享。文化情结既活跃于作为一个整体的群体心理中，也活跃于群体层面的个体心理中。

文化情结是普遍存在于全世界范围内的心理现实。在不同的地方，文化情结具有不同的形式，但也有共同的基本特点（Singer & Kimbles, 2004）。Singer（2014）认为，文化情结既可以是病理性、非规范性或创伤性的，也可以是普遍性、正常性和规范性的。病理性、非规范性或创伤性的文化情结与社会中引起混乱的文化情结相关，而规范性的文化情结就犹如荣格把自我描述为一个情结一般具有普遍性。他指出，有许多文化情结远比荣格将自我情结定义为一种正常的心理结构的方式更为良性。因此，文化情结是沿着一个谱系发生的，对社会的影响从更"正常"到更"病态"波动。

荣格分析师 Joerg Rasche（2016）认为良性文化情结所涉及的范围很广，它可能只是我们日常生活中的一部分，犹如我们呼吸的空气或游泳的水，其自然和普通的特性使我们不会去刻意思考。许多文化情结每天都在表达：它存在于我们所使用的语言中，我们做饭的方式中，日常关系的细微差别中，包括饮酒仪式、家庭传统、家庭禁忌、养育子女、生日仪式、葬礼仪式、从前几代继承下来的宗教信仰、民族认同、服装风格、工作方式等，所有这些身份和行为模式的载体都可以被认为是文化情结中较为良性的因素之一。

研究（二）将两种类型的文化情结与乡土依恋相结合，以期总结出文化情结对乡土依恋的影响方式及规律。本部分，将理论研究与实证研究相结合，论证文化情结对乡土依恋的影响作用。其中，理论研究采用文献研究法和比较研究法，分别对澳大利亚土地文化情结和中国恋地文化情结进行了分析和阐述，并围绕二者对乡土依恋形成的影响进行了讨论；实证研究选用参与式观察法和访谈法搜集资料，运用程序化扎根理论分析资料，探讨"洪洞大槐树"文化情结的内容和类型，并建构"洪洞大槐树"文化情结对乡土依恋影响的动力机制。

5.1 澳大利亚的土地文化情结与乡土依恋

5.1.1 澳大利亚"创伤性"的土地文化情结

澳大利亚非原住居民与原住居民（土著人）之间因土地产生的冲突持续了近200年。当来自流放地的外国侵略者（18世纪的欧洲人）与澳大利亚信仰"梦幻时代"的原住居民（5万年前的游牧民族）相遇时，一段黑暗而血腥的历史就开始了，澳大利亚围绕土地所形成的文化情结因此产生。

澳大利亚土地文化情结的形成，根源于1788年在东南海岸建立的流放地。在欧洲侵略者登陆澳大利亚之前，土著人已经在这块陆地上繁衍生息了数千年，他们深植于自己的文化信仰与精神根源中。然而，欧洲侵略者有意识地忽视土著人在这片大陆上所具有的精神根源，把自己与"地方精神"割裂开来。他们不断盗窃土地与农田，肆意占用或使用土地。侵略者的行为使土著居民付出了巨大的代价，他们的文化几乎濒临灭绝。欧洲人把疾病、毒品和死亡引入了一个原型社会，这个社会是由歌颂土地和人民的祖先神灵创造的。由此，上述两种精神领域产生的冲突使饱受创伤的两种文化处于紧张的关系中。之后，土著人发动游击战，试图拯救他们的土地和生活方式，而欧洲白人（被流放的罪犯和后来的自由定居者）则在这片土地上为生存而战。在生存、丧失和无数破坏行为的创伤中，澳大利亚的土地文化情结产生。

荣格心理分析师 Anthea Mawby（2019）在 "Australia：Shadow and Cultural Complex in the Antipodes" 一文中，从深度心理学角度探讨了澳大利亚土地文化情结形成的原因。Mawby 在文章开篇通过对比澳大利亚非原住居民与澳大利亚原住居民（土著人）在文化特质方面存在的差异，提出澳大利亚目前存在的以土地为中心的文化情结是由两种不同的文化认同及两个群体的集体无意识冲突所引发的。Mawby 认为，澳大利亚目前的文化是建立在一种封闭性的男性特质模式中，这种模式趋向于将关注点聚焦在对抗土地本身的野蛮能量和生存的希望上，然而其文化层面存在的女性气质常被拒绝和排斥。与此相反，土著文化重视女性特质，即自我意识和自我反省。

由于建立在历史基础上形成的根深蒂固的两种文化，如男性和女性文化特质，行动和接受，精神和物质，是保持长久分裂的状态，澳大利亚非原住民与澳大利亚原住居民之间的土地斗争是澳大利亚的文化情结之一，同时也是最应该引起重视的部分。Mawby 对于澳大利亚文化情结的解决提出了自己的观点，她说："除非土著人的神圣文化和他们的土地之间的关系能被包括在澳大利亚整体民族的精神中，除非男性和女性的文化特质受到尊重并被接纳，否则精神和环境的混乱将继续循环。"❶

5.1.2　在"寻根文学"中建构安全感与归属感

20 世纪 60 年代，澳大利亚政府实施同化政策和多元文化政策，土著人

---

❶ Mawby, A.（2019）. Australia：Shadow and Cultural Complex in the Antipodes [J]. *Jung Journal Culture and Psyche*, 13（1）：49–68.

迫切地要找到自己在现代生活中的位置，尤其是那些接受西方文化教育的混血土著人，他们深刻体会到自身的文化迷茫和身份危机，其中一部分人开始恢复自己隐匿已久的土著文化身份，通过"寻根文学"关注当代土著群体在两种文化碰撞中的生存状态。

澳大利亚土著"寻根文学"是文化情结作用于个人和群体的产物，它表明土著人开始关注如何建立或恢复自我与土地之间的一种有效的认同关系。土著作家通过重归故土，与故乡的人、事、物产生联系，从中获取归属感和身份认同。由文化情结所引发的返回故土探寻文化根源，本身是一种情感、认知与行为相结合的乡土依恋现象。

土著"寻根文学"多是以自传体的方式，描述作者回到故土，寻找祖根的经历。土著寻根文学的开山之作是澳大利亚作家萨利·摩根的自传《我的位置》，它是一部寻找家庭、祖根和土著人归属感的自传体小说（黄源深，1997）。对于寻根的体验，摩根提到"原先是个求知的尝试，现在已变成心灵砂土上令人激动的朝圣"。对于寻根的意义，作者在自传中有所阐明，"没有文化之根和文化身份，我们或许可以生存下去，但不是作为完整的人而存在。我们将永远不会知道我们的位置"❶。为了找回失落已久的家史，为了寻求自我的完整，作者萨利亲自回归故土访问，即回到祖先原居住地——西澳大利亚，并将访问之旅绘成土著家族的历史画卷，展现在读者面前。萨利发现，这场寻根之旅使她和家人在精神上认清了自己，找到了自己的心灵归属（宋艳秋，2019）。

《寻根苦旅》是大洋洲土著文学的标志性人物金姆·斯科特自传性文献小说，作为西澳土著后裔，金姆·斯科特特别关注家族历史和土著文化。他说："澳大利亚西南部提供了人们在世界上其他任何地方都无法获得的东西，记住这一点是重要的。去观察和体验那片土地，并倾听那些古老的故

---

❶ Sally, M.（1987）*My Place. Fremantle* [M]. Fremantle Arts Centre Press.

事，这确实让我东奔西忙。但在此基础之上进行的创作将是完美的。"❶ 在《死者之舞》这部小说中，金姆·斯科特不断寻找澳大利亚土著民族的身份归属，他在小说中提到"总有一天，我们要带你去看祖辈们走过的路，所有的路，所有的水潭和你知道的所有的东西。去到那些地方踩下你的脚印，留下你的足迹"❷。

5.1.3 依恋系统的启动与乡土依恋

Singer 和 Kimbles（2004）认为，文化情结可以为被文化情结所掌控的人提供位置感和简单确定性，特别是在他们面临无穷的冲突和模糊的不确定性时。同时，文化情结也是一种动态的关系系统，它通过将个人经历和群体期望联系起来，满足个人对归属感和群体认同的基本需求。文化情结的动力学作用，既在个体心灵的群体水平运作，也在群体生活的动力场中发挥作用。澳大利亚"创伤性"的土地文化情结的运作，为土著人经历的创伤提供了情感网络的支援，也为经历创伤的土著人群提供了归属感、身份认同感及历史连续性体验。

Kimbles（2006）提出，文化情结与个体情结一样，都是根植于心灵的原型层面，它在心理原型层和个人潜意识层之间的中间地带发挥作用，通过这些属于更大文化整体的情结的活动，文化情结为个人和群体生活提供情感、形象、结构和活力。因此，澳大利亚土著民族中"寻根文学"的产生及个体和群体重归故土的乡土依恋行为，有基于心理原型层和个人潜意识层的动力因素。

澳大利亚土著人的精神祖先深植于这块大陆上的每一块岩石、每一座山、每一条河中，也即"土地"对于澳大利亚土著人而言，不仅是一种原型

---

❶ Scott Kim & Robinson Eden（2011）.Voices in Australia's Aboriginal and Canada's First Nations Literatures [J]. *Comparative Literature and Culture*, 13（2）: 1–7.

❷ Scott，k.& Brown，H.（2005）. Ka yang & Me [M]. France: Fremantle Arts Center Press. 13–15.

的存在，更是与祖先、生命和灵魂连在一起的归宿。对于澳大利亚土著人来说，故土的丧失不仅意味着部落与土地图腾、精神祖先之间联系的断裂，也意味着他们自身由土地所依附的灵魂的丧失。

除了与土地文化及原型的联结作用，依恋系统的启动及"创伤性"情结中负性能量的释放也是乡土依恋形成的动力来源。创伤性体验可以启动依恋关系系统，个体需要与一个可靠的感知依恋对象形成亲近关系（Victor & Zock，2019），澳大利亚土著人重回故土的行为是建立安全感的内在需求。每个情结都有一个原型核心作为它的能量来源，文化情结也围绕一个原型核心运作，确保原型不会成为被压抑的能量的一种方法，就是有意识地与它保持联系。个人和文化的自我必须承认它，面对它，体验它，感受它的痛苦，这样才能使它的能量转化为积极的能量。澳大利亚土著人与失去的故土重新建立联结，与过去被割裂的文化和历史重新联结起来，是释放"创伤性"文化情结消极能量及建立心灵内在安全感的重要途径。

5.2 中国传统文化中的恋地文化情结

中国人所特有的恋地情结深植于中国传统文化，中国人离开家时会想家，离开故乡时会思乡，身在异国时会怀念祖国。中国人恋家、恋国、恋故土反映的是一个民族特有的文化情结。它包含着源于中国神话原型的文化无意识部分，也包含着集体文化模式所传递的"乡土亲缘"和"血缘理性"理念。

5.2.1 中国神话原型与恋地文化情结

Kimbles（2006）指出，文化情结是一种通过调节个人与某一群体、民族或文化的关系，来描述信仰和情感在群体生活和个人心理中的作用。Singer认为，随着个人情结出现在个人无意识层面与更深层次的心灵和早期家庭关系的相互作用中，文化情结被认为是由文化无意识所引起的，它与原型和个人心灵以及更广泛的外部世界相互作用。文化无意识是由荣格分析心理学家约瑟夫·汉德森（Joseph Henderson，1962）提出的，它是指一个位于集体无意识和文化表现模式之间的历史性的记忆区域，包括意识和无意识两种形态。它有着由集体无意识原型引发的某种认同，有助于神话和仪式的形成，同时又促进了个体的发展过程。汉德森认为，诸多"个体无意识"的内容其实来自于集体文化模式，它在我们意识肯定其正确性之前就已经通过我们所在的环境而传递了。❶

在中国，"土地"所蕴含的原型意义与世界各民族是一致的。中华民族最古老的精神形式扎根于"土地"中，这可以在中国的上古神话中找到根源。每个民族都有自己的神话，神话是一种非功利的、原始先民的"诗意"创作，它表达该民族的祖先及传颂这些神话的后人们对于世界和生存的一种幻想。马林诺夫斯基（1948）认为："神话的作用是去强化传统并赋予它自身以巨大的价值和权威，追踪神话能使人们返回到较高、较好的最初事件的超自然现实。"❷歌德曾经说过，人类的精神现象常常是不断地重复着的。一个民族，其精神特征在最初的祖先那里就已经露出端倪。在中国神话体系中，创世祖先"盘古开天地"和创人祖先"女娲抟土造人"的神话，生动形象地体现了中华民族与土地相连的精神特性。

首生盘古，垂死化身：气为风云，声为雷霆，左眼为日，右眼为月，四肢五体为四极五岳，血液为江河，筋脉为地理，肌肉为田土，发髭为星辰，

---

❶ 张敏（2010）。论文化无意识及其临床心理治疗的意义。中国临床心理学杂志，18（6），823-825。

❷ 转引自徐剑艺（1993）。中国人的乡土情结。上海：上海文化出版社。

皮毛为草木，齿骨为金石，精髓为珠石，汗流为雨泽；身之诸虫，因风所感，化为黎甿。

——《绎史》卷1引徐整《五运历年记》

女娲地出。

——《抱朴子·释滞》

俗说天地开辟，未有人民。女娲抟黄土作人，剧务，力不暇供，乃引绳于絙泥中，举以为人。

——《太平御览》卷七八引《风俗通》

在中国神话中，万物是由盘古变化而成，盘古被视作一种人化的万物始祖或万物之本，这个神话思维可称作"人化万物观"。在女娲抟土造人这个神话中，表明人是女娲用黄土做成的，而黄土这种自然物又是由盘古的躯体变化而成的，这个神话思维可称作"物化人观"（徐剑艺，1993）。对这两个神话作进一步的延伸可知，作为创世神的盘古身躯变为大地，而大地之上的"黄土"又被女娲创造成了人。因此，中国人和"土"之间的关系从生命起源、信仰崇拜到生存依靠都是密不可分的。

5.2.2 乡土亲缘与恋地文化情结

在中国文化中，人的生命起源从"土"中来，人的生存所依也与"土地"息息相关。"土"，先人造字时是用它表示大地的生育能力，即一棵代表生命的小苗长出来。《说文》："（土）地之吐生万物者也。"《释名·释天》："土，吐也，能吐生万物也。"《白虎通·五行》："土，吐含万物，土之为言吐也。"在古汉语中土与元音、义相通（何新，2008）。《广雅·释亲》："母，本也。"生人者称母，生万物之母谓之"土"。中国古代的哲学思想是一种整体观，"土"有吐纳万物之特性；"地"是相对于"天"而言的空间存在，具有容纳承载之特性。"土地"合起来就代表一种承载所有生命细节的不可替代的容器，是一个包容一切精神和物质的完整的生命系统，土地生育繁衍的能力和包容承载的品德是中华民族所推崇的。

传统的中国以农业社会为主，在这块内陆型的亚洲土地上，长期封闭的自给自足的农耕生存使中华民族远离西方文明。尽管与北方游牧民族连绵交战，尽管有"丝绸之路"为东西方文明走出一条游丝般的陌路，但本土文化与外来文化大规模的交汇则是在近现代的屈辱历史中才开始的（徐剑艺，1993）。因此，中国文化基本上是一种土生土长的"本土文化"，中国人对土地和故乡的天然依恋根源于中国乡村文化传统。

中国的乡村文化传统深深地根植于土地之中。臧克家（1942）在《泥土的歌》中提到，"孩子，在土地中洗澡；父亲，在土地中劳作；爷爷，在土地中埋葬。"这首诗形象深刻地描绘出乡村人与土地之间"生命之源"式的关联。中国人对土地的利用最初源于种植的生产方式，而"种植"性则使乡村人的习性不仅具有固着和植根的特性，也使中国乡村人对土地产生了一种"土地亲缘"。乡村人的生存方式相对固定，以家族为核心的团体在一块地上代代相传，繁衍不绝。家族子孙从固定的土地中获得生存，死去也葬在自家的土地中，因此土地成为这个家族生命的一部分，甚至成为生命的载体。随着家族的扩大，亲缘范围相应扩大，往往整个村子甚至整个乡都有亲缘关系。于是就出现了"乡亲"，相应地，对"家土"亲缘式的情感随之转化为对"乡土"的亲情之爱。

可见，中国人对"土地"的情感凝结着亲情之感。在中国人心目中，任何他地都无法代替故土所蕴含的情感和意义，所以远离故土的人，犹如无根飘萍，会有飘零之感，终要临老还乡，落叶归根。

5.2.3 血缘理性与恋地文化情结

徐勇在中国农村研究院 2015 年开启的"深度中国调查"的研究基础上，

以大量田野调查事实为依据，从中国文明进程中总结提炼出具有很强原创性的理论——血缘理性。血缘理性是指中国人在长期历史实践活动中，由祖先赋予同一血缘关系的人以生命、资格和地位，并内生着社会与国家共生共荣的命运共同体关系（徐勇，2018）。徐勇认为，血缘关系在延续中国文明进程和凝聚团结力方面起到至关重要的作用。中国人在家庭关系中谈血缘，在民族认同中论"炎黄子孙"，血缘作为中国文明的基本底色，形成中国特有的血缘理性。

（1）血缘理性形成的根基

自国家产生以后，人类社会的演进便出现了"大分流"的趋势，而中国由于血缘关系与农业文明相结合，物质生产和人口生产都以血缘家庭的方式进行，以血缘关系为中心的社会结构伴随着国家的产生并未瓦解或中断，而是生生不息地延续下来。韦伯（1915）认为，中国在长期历史进程中有许多变化，但是唯一不变的是氏族血缘纽带（或拟血缘性的凝聚关系）。早期的中国属于血缘性的宗法国家，血缘宗法底色伴随历史的发展会逐渐褪色，但因血缘纽带建立起来的根系关系却永恒存在。

中国的血缘理性不仅体现在社会发展的制度与结构层面，思想文化层面的根基也源于血缘关系。汉德森（Henderson，1962）认为："文化无意识需要教育经验的刺激……通过多次展露在品味、道德准则、社会习俗和宗教象征的文化标准之下而积累。它还通过来自家庭生活的某些影响而积累，正是在家庭生活当中，这些文化标准从祖先起一代接一代传递下来。"儒家文化的思想理念在中国人祖辈间世代相传延续，成为镂刻在中国人血脉中的文化情结，以意识或文化无意识的方式影响着中国人的情感、认知和行为。

儒家文化是中国文化的标志。孔子生活的春秋战国时代是人类理性突破的时期，宗法天命观的衰退、宗法制社会的瓦解、地域制社会的形成导致

"礼崩乐坏"局面的出现，亟须为人道来源提供新的原则与根据。面对新的挑战，孔子将家庭关系放大到人我关系层面，并扩展成为普遍遵循的道德伦理原则。在家庭伦理对社会伦理的基础性地位方面，儒学思想家把人的个体性和社会性存在植根于"血亲情理"中，强调血缘亲情是人们的一切行为活动能够成为正当合理的根本原因，从而赋予了建立在血缘关系基础上的血亲情感以"本原根据"的意义（刘清平，2000）。

（2）血缘关系与地缘关系

血缘关系是中国人建立社会关系的基本结构，而血缘结构的最小核心单位就是"家"。在中国文化中，"家"是泛化到社会关系中的哲学理念。在传统中国人的意识中，社会是一个从最小的家到最大的"国家"逐次扩展、层层递进而成的同心圆结构。它是一个从血缘到亲缘再到地缘的扩展，也是一个存在于中国人观念中"家"的扩大化。从最内核的直系血缘构成的"自家"，到同姓同宗亲缘的"本家"，到联姻而结成的亲缘"亲家"，再到同地域地缘关系的亲缘化"老家"，最后到以民族为纽带的最大的亲缘关系，即由"炎黄子孙"共构的同民族"国家"。这样的"家"文化模式深刻在每个中国人的情感中，成为潜在影响其行为动力产生的因素。

中国古代是宗族社会，"宗族"也将中国文化中的血缘体系发展到极致。宗族是"家庭"的扩充，包括共同供奉同一祖先的父系同宗亲员。东汉班固在《白虎通义》中对"宗族"有所阐述，"宗者，何谓也？宗者，尊也，为先祖主也，宗人之所尊也……""族者何也？族者，凑也，聚也。谓恩爱相流，上凑高祖下至玄孙。一家有吉，百家聚之，合而为亲。生相亲爱，死相哀痛，有会聚之道，故谓之族。"由此可知，"宗族"是指一个以父系先祖为共同敬奉对象的父系血缘性组织，这类组织遵循一套共同的原则。在这里，"宗"所体现的是血缘团体成员的资格和一种基于血缘纽带的宗教情感，这种情感为族内血缘团体成员提供归属感和深沉、强烈持久的历史感（钱杭，1995）。

宗族文化将血缘和地缘联系起来，既包括以血缘为主的亲属集团，又包括以聚族而居的地缘单位（唐美君，1981）。清代，宗族观念深入人心，这时的宗族组织已发展成为以血缘关系和地缘关系为纽带而联系起来的同姓聚落体。在汉族居住的地方，人们普遍聚族而居，或一姓一村一镇，或几姓一村一镇，或一姓几村（乔志强，1992）。家、村、镇可以指一种文化概念，也可以代表一种地域关系。家—村—镇的衍化，是在血缘影响下结成的地缘❶，在追求稳定的中国社会，地缘成为血缘的投影。"生于斯、死于斯"把人和地的因缘固定在时空中。世代人口的繁殖，像一个根上长出的树苗，在地域上靠近在一伙，地域上的靠近可以说是血缘亲疏的一种反映（费孝通，1948）。从另一个角度，也可以看作一个民族特有的文化情结对乡土依恋产生的影响。

孟子曰："天下之本在国，国之本在家，家之本在身。"可见家是国的基础，国是家的延伸，在中国传统文化的精神体系中，国与家、社会与个人都是密不可分的整体。"小家"同"大国"同声相应，同气相求，同命相依，自觉融合家庭情感与爱国情感为一体。家国一体的理念形成家国情怀，家国情怀根植于中国传统文化中，"天人合一""万物一体"是其哲学根据。祖国、国家、炎黄子孙、华夏儿女等词汇也突出地说明中国人的家国情怀建立在血缘认同基础上。以远离祖国大陆的海外华人为例，无论他们侨居他国多少代，依旧对祖国土地有眷恋之情。Kimbles（2006）认为，文化情结组织和形成群体内的归属感和认同感，而积淀在中国人心中由血缘关系联结的家国一体情感，成为中国人凝聚力和向心力的体现。

---

❶ 费孝通《乡土中国》：地缘是指以地理位置为纽带，在一定地理范围内共同生活、交往的人产生的人际关系。

5.2.4 中国人的恋土情结与安土重迁现象

沉稳的陆地给生存其上的人类以永恒的安定感。农耕民族依赖土地为生，土地供给劳作者生存的资源，男耕女织，自给自足，生命会自然地延续，种族会自然地繁衍。在人类与土地这种最原始的关系中，人渐渐"土性"化了，变得凝固、稳定和惰性。农耕民族始终根植于固定的土地上，必然会形成这种土性化。对于双脚扎根在泥土中的人，任何迁移和漂流都意味着不幸的灾难。

安土重迁，出自《汉书·元帝纪》——"安土重迁，黎民之性；骨肉相附，人情所愿也"，意思是安于本乡本土，不愿轻易迁移。从传统文化的角度分析，安土重迁的文化传统为文人铸就了故土难离的恋地情感模式。中国古代文人所著诗歌是以情感为中心，汇聚大量观念与意象的文学形式。诗歌中以特定主题频繁显现的情感、观念及意象，凝结成为特定的文化情结，以思乡、怀乡为主的乡愁诗就表达了中国人的恋地文化情结。例如，蔡文姬《悲愤诗》："去去割情恋，遄征日遐迈。悠悠三千里，何时复交会？"柳永《八声甘州》："不忍登高临远，望故乡渺邈，归思难收。"温庭筠《商山早行》："晨起动征铎，客行悲故乡。"古人描写思乡之情的诗句比比皆是，诸多家喻户晓的乡愁章句是中国传统文人思乡的写照，体现出浓厚的思乡之情、悲痛的离乡之绪。中国古人认为，生命的乐土在家乡而不在异乡，离乡就意味着人生悲剧的发生，比如官征劳役，被贬离乡，充军戍边，公主远行和亲……在中国传统文学中始终充满着离乡者的悲泣之声。

当代中国也有被安土重迁的恋地文化情结所掌控的现象，报告文学《西部在移民》完整地记录了这一幕幕场景（麦天枢，1988）。西北，人们住在土窑里，睡在土炕上，由于自然本身的贫瘠，加上居住其上的人对自然的粗暴且不负责任的掠夺，以致本来就贫瘠的自然资源渐渐走向枯竭。

人们突然发现，在这祖祖辈辈存活的土地上再也难以生存下去了。面对如此贫穷的状态，国家痛下决心，决定对定西、西海固、河西走廊三个地区进行大规模移民。然而，当面对可以改变命运的机会时，大部分农民不是兴高采烈地憧憬新生活，而是令人难以置信地拒绝迁移，因为他们不愿离开自己的故土。

其中一个故事描述了移民逃回故地的情况：国家花了数百万元把祁连山雪水引过去，推出了玉门海几万亩地，迎接定西移民的到来。一个秋天后，花海乡就来了八百多人。但不巧的是，移民刚到，就刮了一场三四十年不见的"黑风"，遭遇了一场前所未有的浩劫。本来这也是自然的事，可移民纷纷走了一大半，干部们再三劝说无济于事。移民们忍受得了家乡千百年的贫困灾难，但却受不了外乡的一次不测风云。原因是他们原本就不想移。从移民地点逃回来的王大爷说，"老天的事，说不成能成，它咋着你就咋着，天能算计人，人算计不了天，别跟天耍性子。你想着河西好，弄不好，一场黑风把你卷走了呢？你说这庄浪不好，走了，弄不准明年一场透雨，收上茬子也能过两年呢……"——如此恐惧天，又如此依赖天。然而，对于祖辈生存的乡土之上的天特别地信任，特别地依赖，而对于异乡异地的天却怎么也不信任，这是农耕民族所特有的精神特征。既然人算计不了天，那么还是以不变应万变，立足于故乡。

上述"恋地情结"体现了文化情结的一个特点，即文化情结有时以一种非自愿的、自主的方式发挥作用，并倾向于肯定一种简单化的观点，这种观点用对世界的固定的、往往自以为是的态度取代了更多的日常模糊和不确定性（Singer，2016）。西部大移民计划进展不顺利，源于众多拒绝迁移故土和逃回故土的人。他们对于乡土的眷恋体现在中国人独特的敬守祖坟的祖先崇拜、依附三亲六故的血亲情感、自家为本的小农意识以及听天由命的人生信条中。几千年中国社会的自给自足、内陆型的农耕生产方式形成了一种难以更改的土性传统。特定文化情结是随着时间和多代人的经历而建立起来的，对乡土的依恋是一种情感的体验，然而，当恋土情结对个体的生存具有破坏阻碍作用时，文化情结则会影响消极乡土依恋现象的形成。

5.3 "洪洞大槐树"文化情结与乡土依恋关系研究

本部分研究以"洪洞大槐树"寻根祭祖现象为切入点，在半结构式访谈、深度访谈和参与式观察的基础上，运用扎根理论的分析方法，结合文化情结的概念、特征及识别方式探讨"洪洞大槐树"文化情结的内容及类型，并在此基础上构建"洪洞大槐树"乡土依恋形成的动力机制，从而分析文化情结对乡土依恋的影响作用。运用QSR Nvivo 11.0质性分析软件对资料进行初步分析和类属分析。

5.3.1 "洪洞大槐树"文化情结内容及类型探索

（1）研究方法

研究选取Strauss和Corbin的"程序化扎根理论"研究方法进行分析（Strauss & Corbin, 1990）。其主要研究步骤为"界定研究问题—选取研究对象—收集研究数据—整理研究数据—分析研究数据（开放式编码、主轴编码和选择性编码）—构建研究理论—理论饱和度验证—进行文献比较"，见图5-1❶。

---

❶ Pandit N R.. The creation of theory: A recent application of the grounded theory method [J]. *The Qualitative Report*, 1996, 2（4）: 1–13.

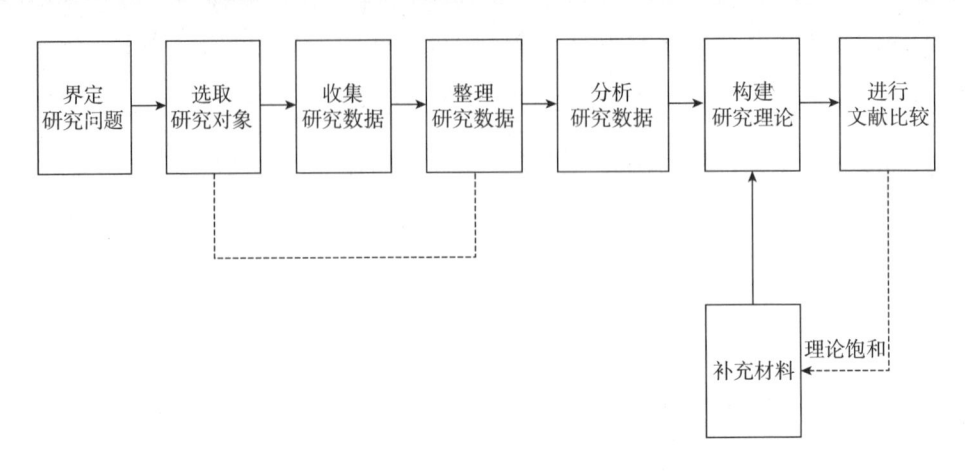

```
界定       选取       收集       整理       分析       构建       进行
研究问题 → 研究对象 → 研究数据 → 研究数据 → 研究数据 → 研究理论 → 文献比较
              ↓                                              ↑
              └──────────────────────→ 补充材料 ←── 理论饱和
```

图 5-1　扎根理论研究流程

（2）研究取样

在扎根理论中，研究对象的选取遵循理论抽样的方法。理论抽样是研究者根据所研究问题及其影响要素，制定选择符合标准且有意愿参与研究的个体或群体为受访者的方法。

研究者于 2019 年 4—6 月期间进行资料收集，选取 96 名洪洞大槐树寻根祭祖园参观者为主要访谈对象，访谈前向访谈对象详细解释访谈目的，并赠予小礼品以示感谢。96 名访谈对象中男 48 人，女 48 人；年龄从 9 岁到 78 岁（20 岁以下 21 人、21~30 岁 18 人、31~40 岁 14 人、41~50 岁 18 人、51 岁以上 25 人）；已婚 66 人，未婚 30 人；本地 46 人，非本地 50 人；移民后裔 46 人，非移民后裔 50 人；首次到访洪洞大槐树为 40 人，多次到访为 56 人。采取"机遇式抽样"和"滚雪球式抽样"相结合的方法，抽取 5 名信息密度大的个案进行深度访谈。

（3）资料收集

在扎根理论研究方法中，采用定性和定量资料相结合的多种资料收集方法。其中，资料的直接来源不仅包括访谈和现场笔记中引用的材料，还可以包括有关事件、动作和参与者观察所获取的描述性材料，与研究主题相关的文献可以用作资料的二级来源。

本研究以访谈法和文献法为主，以参与式观察法为辅收集资料。依据 Thomas Singer（2016）提出的文化情结识别方式编制半结构式访谈问卷并对受访者进行半结构式访谈。在 *Europe's Many Souls Exploring Cultural Complexes and Identities* 一书中，Thomas Singer 描述了文化情结的特征，并结合其特征提出文化情结的识别方式。Singer 认为，思考特定文化情结可以从以下几个方面入手：伴随这种情结产生的感觉？伴随这种情结产生的意象？当这个情结被启动时产生的记忆？这种特殊情结会引发何种行为？什么样的刻板印象会在这个特定的情结中反复出现？研究者认为，个体围绕大槐树形成的梦境也有利于文化情结的识别。因此，在 Singer 所提出的文化情结识别方式的基础上，结合"洪洞大槐树"的特定语境背景，对个体梦境进行思考后，本研究编制了"洪洞大槐树"文化情结半结构式访谈问卷。

由于文化情结建立在频繁重复的历史经验基础上，这些历史经验根植于一个群体的集体心理和群体中个体成员的心理，它们表达的是这个群体的原型价值。因此，全面理解文化情结，还需要参考大量的历史文化资料。搜集"洪洞大槐树"寻根祭祖园官方编纂的洪洞大槐树诗歌集、楹联集、绘画作品、移民传说故事集和洪洞地方志等作为文献参考资料。

理解文化情结需要结合个体或群体的感觉和行为等外在表现形式，因此在特定情境中收集一手资料，有利于挑选合适的研究对象，也有利于深入理解文化情结和乡土依恋的关系。研究者本人进入研究现场，对洪洞大槐树景区内的潜在受访者进行观察，观察内容包括个体或群体所呈现的情绪、行为、语言和动作等，在观察过程中对有研究价值的内容和情境进行相关记录。

（4）资料分析

资料分析是扎根理论从资料中建构理论的核心过程，主要分为开放式编码、主轴编码和选择性编码三个过程。运用 QSR Nvivo 11.0 质性分析软件对所收集的资料进行初步分析和类属分析。资料分析前，先对受访者进行编号，为了与研究（一）中所收集的受访者资料相区分，研究（二）中对受访者的编号统一标注底线（如 W1、M2…M6）。

首先，进行开放式编码。根据 Thomas Singer 提出的文化情结识别方式，围绕"洪洞大槐树"所引发的感觉、行为、意象、刻板印象、回忆和梦境几方面内容，以词语、句子和段落为分析单位，寻找反复出现的意义单元，将相似、交叉和重叠的概念归纳和梳理后，获得 73 个初始概念。之后对形成的初始概念再进行比较和合并，最终共获得 29 个初始编码（开放式编码），具体见表 5-1~表 5-6。

表 5-1 "洪洞大槐树"引发的感觉

初始编码	初始概念	所涉及资料数	被提及次数
崇敬感	神圣	2	5
	震撼	1	3
	古老	1	4
庄重感	敬畏	1	12
	庄严	2	9
	肃穆	2	3
舒适感	亲切	1	31
	舒服	1	7
	温暖	2	4
安全感	熟悉	2	3
	踏实	2	3
	庇护	2	2
	安宁	1	2
触动感	激动	1	16
	兴奋	1	15
	感动	2	7
归属感	自豪	1	9
	骄傲	1	6

注：资料来源：①半开放式问卷；②第一届和第二届"根祖杯"诗词选。

表 5-2 "洪洞大槐树"引发的行为

初始编码	初始概念	所涉及资料数	被提及次数
依恋行为	热泪横流	3	105
	抚槐培土	2	53
	梦萦槐树	2	10
传承行为	教子传孙	2	36
	传承祖训	3	7
归根行为	回乡祀祖	3	46
	寻根续谱	2	21
	寻访古槐	3	41
敬祖行为	缅怀先祖	3	38
	供奉先祖	3	32
敬槐行为	瞻仰古槐	3	28
	植槐抚槐	3	53

注：资料来源：①半开放式问卷；②第一届和第二届"根祖杯"诗词选；③古槐联颂获奖作品。

表 5-3 "洪洞大槐树"引发的意象

初始编码	初始概念	所涉及资料数	被提及次数
神圣意象	大槐树	3	480
	圣人	2	6
	神明	1	2
母亲意象	慈母	3	47
	黄土	2	27
	黄河	2	18
	女娲	3	4
家意象	家	3	408
	老鹳窝	3	348
	父母	3	15
游子意象	明月	2	180
	飘萍	3	69
	鸿雁	2	41
	思乡鸟	2	43
生生不息意象	老鹳	3	206
	瓜瓞	2	35
	观音	1	5
	"槐树"送子娘娘	1	3

注：资料来源：①半开放式问卷；②第一届和第二届"根祖杯"诗词选；③古槐联颂获奖作品。

表 5-4 "洪洞大槐树"引发的刻板印象

初始编码	初始概念	所涉及资料数	被提及次数
移民创伤	小脚趾两瓣	3	45
	移民艰辛	1	10
文化符号	根	3	811
	家	3	421
	故乡	3	165
	祖先	3	39
大槐树印象	古大槐树	3	56
	槐祖	3	61
	神树	2	24
	巨树	3	13
生命不息	枝繁叶茂	3	197
	荫庇子孙	3	108
	移民后裔	3	68

注：资料来源：①半开放式问卷；②第一届和第二届"根祖杯"诗词选；③古槐联颂获奖作品。

表 5-5 "洪洞大槐树"引发的回忆

初始编码	初始概念	被提及次数
移民后裔间传递的回忆	忆起村民讲述的移民民谣传说	8
代际传递的回忆	忆起祖父母讲述的移民民谣传说	10
	忆起家谱讨论的场景	6
与移民植槐相关的回忆	忆起故乡的古槐	4
到访"大槐树"的回忆	忆起儿时在此游玩	3
	忆起陪同家人到访大槐树的经历	5
	忆起过往游历大槐树的经历	4

注：资料来源于半开放式问卷。

表 5-6 与"洪洞大槐树"相关的梦境

初始编码	梦境示例
与"游子"相关的梦境	梦中梦者以第三者的眼光看移民场景。梦者看见移民迁徙路线呈圆形状，故此移民绕了很远才到达迁入地，梦中顿悟明政府这样的安排是为了让移民迷失方向感，从而找不到回家的路

续表

初始编码	梦境示例
与"大槐树"相关的梦境	梦者是大槐树移民情景戏的群演，也是一名移民后裔。梦中梦者在一座山上，山上有一群"吉祥鸟"飞来飞去，一个白胡子老人对他说：要孝敬父母、顶天立地，做一个有担当、有责任、有灵魂的洪洞移民，要真情演绎好自己的角色。梦者顿时心情激动澎湃，热泪盈眶
与"家"相关的梦境	梦者梦见大槐树的石础和水井，几次在大槐树景区内寻找梦中出现的物品。洪洞石础叫立础，立础就是立家础，石础有安家立福的象征意义；洪洞县历山有舜井，考古证明，尧井和舜井是中国最早的水井
与"祖先"相关的梦境	梦到老祖宗携老扶幼、养家糊口的场景
与"鹳鸟"（出生原型）相关的梦境	梦者梦见大槐树变成一座房子，齐天大圣在大槐树里跑，有一只大鸟在空中飞来飞去，那只鸟的嘴巴尖尖的，身体大大的，翅膀长长的。梦者强调那只鸟似乎和之前去的鹳雀楼有关系

注：资料来源于半开放式问卷。

其次，进行主轴编码。在开放式编码中，依据初始概念形成的初始编码是不同意义单元的罗列，主轴编码是将开放式编码所分别命名的概念范畴进行聚集，以向度或属性的逻辑关系，将主范畴与次范畴进行相关性联结，通过同类和异类比较，横向与纵向比较的方法，将资料各部分构成有机关联的整体。本研究中，对开放式编码形成的29个概念类属进行分析、比较、归类和整合，寻找相同的内涵框架，围绕核心问题，建立各范畴之间富有意义的逻辑关系，将意义相近或相似的初始编码进行合并，最终形成4个主范畴，分别是游子文化情结、崇槐文化情结、恋地文化情结和生生不息文化情结，见表5-7。

最后，进行选择性编码。选择性编码是在更抽象的层次上对主轴编码进行处理，通过对主轴编码阶段形成的主范畴进行比较、归纳和分析，以因果关系、中介关系、现象、语境等编码范式，揭示主范畴与核心范畴的关系

表 5-7　主轴编码建构的主范畴与子范畴

主范畴	子范畴	子范畴含义
游子文化情结	归属感 触动感 依恋行为 游子意象 移民创伤刻板印象 移民后裔间传递的回忆 与游子相关的梦境	成为某个群体一分子后衍生出的满意的情绪 表达移民后裔回到故土后有所触动的心情 表现为移民后裔思念故土 与移民后裔的无根感相关的意象 由移民传说故事所形成 祖辈间进行传递的"大槐树"记忆 表明移民创伤的梦
崇槐文化情结	崇敬感 敬槐行为 神圣意象 大槐树刻板印象 与移民植槐相关的回忆 与槐树相关的梦	对大槐树产生的感觉 表现为对槐树的崇敬 与神圣性相关的原型意象 由大槐树的整体形象形成 与中国文化中种植槐树的习俗相关 表明槐树灵性特点的梦
恋地文化情结	舒适感 安全感 归根行为 祭祖行为 家意象 文化符号刻板印象 到访"大槐树的回忆" 与"家"相关的梦境 与祖先相关的梦境	对故土形成的体验 对"根""祖""家"形成的整体感觉 表现为到访大槐树 表现为祭拜祖先 与家文化相关的意象 由舆论传播所形成 曾经与大槐树接触的经历 表明"老家"(故乡)特点的梦境 表明移民祖先迁移场景的梦境
生生不息文化情结	庄重感 传承行为 母亲意象 生生不息意象 生生不息刻板印象 代际传递的回忆 与鹳鸟相关的梦境	对祖先及生命繁衍产生的敬畏感 表现为代际传递 与大地母亲原型相关的意象 与生命繁衍相关的原型意象 由大槐树的形象和对祖先的认知所形成 祖辈间传递的记忆 与出生原型相关的梦

结构，从而建立具有统领性的核心范畴，选择性编码结果见表 5-8。结果表明，主轴编码阶段形成的 4 个主范畴均会影响乡土依恋的形成，故将"洪洞大槐树乡土依恋的形成"作为核心范畴。

表 5-8　核心关系范畴的关联式结构

主范畴	子范畴	子范畴含义
游子文化情结	"洪洞大槐树"乡土依恋的形成	游子文化情结影响大槐树乡土依恋的形成，通过意识层面的归属感、触动感、依恋行为、移民创伤刻板印象、移民间传递的回忆和无意识层面的游子意象、与游子相关的梦境而产生影响
崇槐	"洪洞大槐树"乡土依恋的形成	崇槐文化情结影响大槐树乡土依恋的形成，通过意识层面的崇敬感、敬槐行为、大槐树刻板印象、与移民植槐相关的回忆和无意识层面神圣意象、与槐树相关的梦境而产生影响
恋地化情结	"洪洞大槐树"乡土依恋的形成	恋地文化情结影响大槐树乡土依恋的形成，通过意识层面的舒适感、安全感、归根行为、祭祖行为、文化符号刻板印象、到访"大槐树"的回忆和无意识层面的家意象、与家相关的梦境、与祖先相关的梦境而产生影响
生生不息文化情结	"洪洞大槐树"乡土依恋的形成	生生不息文化情结影响大槐树乡土依恋的形成，通过意识层面的庄重感、传承行为、生生不息刻板印象、代际传递的回忆和无意识层面的母亲意象、生生不息意象、与鹳鸟相关的梦境而产生影响

（5）模型构建

本研究采取从资料中自下而上建构理论的方式，即从原始资料出发，依据资料的特性初步建立理论框架，通过归纳分析逐步产生理论。对"洪洞大槐树"文化情结呈现的类型进行提炼，发现文化情结通过历史、文化和原型三个层面影响人地之间形成的联结。文化情结为个体或群体乡土依恋的形成提供心理动力、文化动力和原型动力。其中，心理动力源于历史原因形成的移民代际创伤，移民代际创伤通过影响个体或群体的意识或无意识而形成游子文化情结，进而形成大槐树乡土依恋现象；文化动力源于中国传统文化中的崇槐文化与恋地文化；原型动力源于大母神原型意象和出生原型意象所具有的象征意义。"洪洞大槐树"文化情结作用下形成的乡土依恋动力机制见图 5-2。

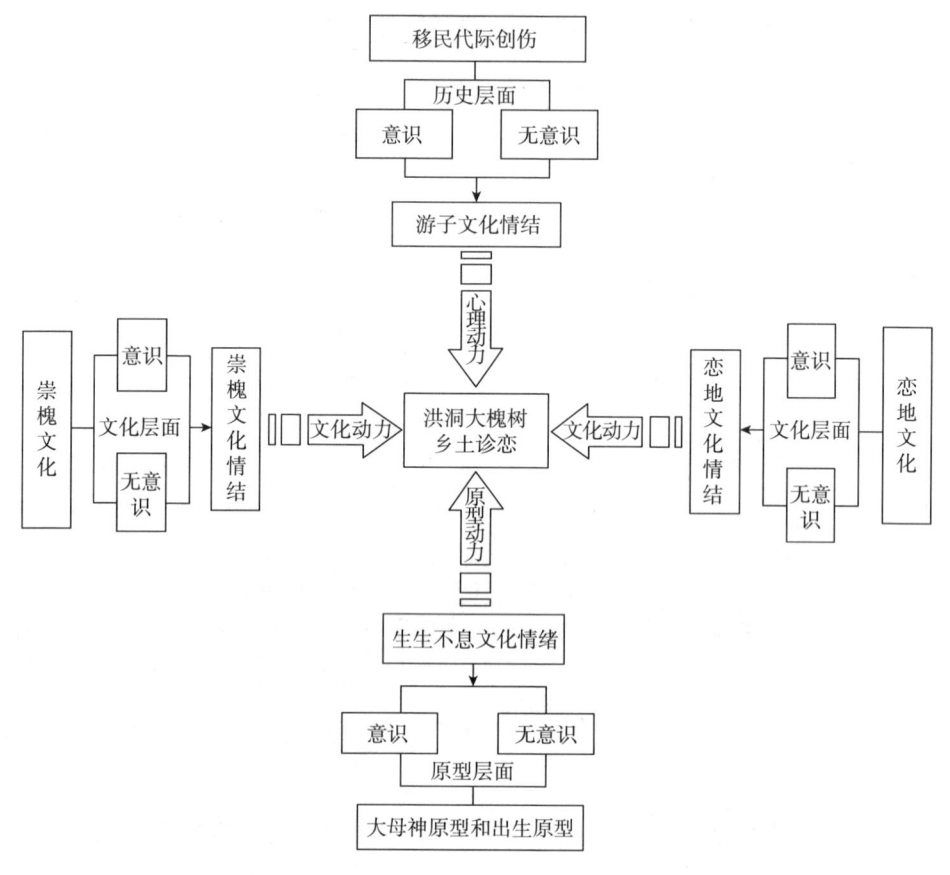

图 5-2 "洪洞大槐树"文化情结对乡土依恋影响的动力机制模型

（6）饱和度检验

在最初的资料收集过程中，当主要类别出现时，需要对资料进行全面的"深入"覆盖。随后，理论抽样只需收集关于类别的资料，以发展性质和命题。判断何时停止理论抽样的标准是类别或理论的"理论饱和"。在本研究中，理论抽样与资料编码同时进行，不断在概念与概念、范畴与范畴、资料与资料、理论与理论之间进行反复对比，直至"主要类属已能够为理解现象与主题提供具有足够广度与深度的信息，且各属类之间的关系已被明确澄清与区分"，即资料已达到理论性饱和时，停止抽样与访谈。

在资料分析阶段，提前预留 5 份深度访谈文本用于检验理论饱和度。当一个理论在新的资料面前是稳定的并且细节丰富时，就达到理论饱和状态。为遵循扎根理论的理论饱和原则，在核心编码（选择性编码）完成后，对用来进行理论饱和度检验的 5 份深度访谈材料重新编码分析，结果显示未发现新的概念和范畴，因此认为构建的理论达至饱和状态。

5.3.2 结果与讨论

（1）"洪洞大槐树"文化情结类型

游子文化情结在移民代际创伤的基础上形成。通过对半结构式访谈问卷、第一届和第二届"根祖杯"诗词选、古槐联颂获奖作品进行内容分析，可以得到"移民""明月""游子""天涯""沧桑""背井离乡""飘萍""鸿雁""漂泊"等高频词，如移民后裔所作诗词中有"六百年浪迹天涯""水上浮萍飘我辈"等诗句，受访者也谈到飘萍的意象。"洪洞大槐树"流传的民谣和故事隐含着明代统治者的迁民政策对移民造成的心理创伤，这些创伤以代际传递的方式在移民后裔间世代传递，故事或民谣成为中介。其中，脚趾复形的传说通过刀砍、剑砍、移民后裔小脚趾两瓣等细节，隐喻了明代"洪洞大槐树"移民事件成为移民后裔心中可"遗传"的代际创伤。潜意识层面的创伤，产生强大的情感能量，促使个体或群体到访"洪洞大槐树"，以归根行为释放创伤所形成的强大心理能量。乡土依恋在本质上是一种人与故土或特定地理空间环境的情感联结，移民后裔在"洪洞大槐树"形成的归属感和触动感等正性情感促进乡土依恋的产生。

崇槐文化情结以"神圣"为中心，包括对槐树产生的神圣感觉和由"洪洞大槐树"所引发的神圣意象。通过对移民传说故事集进行内容分析，可以获得"神树"和"槐仙"两个关键字，在访谈中，槐仙、槐祖、智慧慈悲的老者、白胡子老人等出现在移民后裔的梦境及受访者的意象中。中国传统文化中，自古以来就有植槐种槐的习俗和崇槐敬槐的文化现象。槐树在神州大地随处可见，它们是民间尤其是中原地区村庄供奉的"神树"。除此之外，民间也流传着诸多槐树的神话传说，由"槐精""槐仙""槐祖"等演绎出的奇异传说表明，槐树在古人心中是神秘与灵性的象征，而民间崇拜槐树的现象恰好反映了个体或群体对生命精神灵性的深层诉求。

"洪洞大槐树"的恋地文化情结有其自身的特点。通过对半结构式访谈问卷、第一届和第二届"根祖杯"诗词选、古槐联颂获奖作品进行内容分析，发现"故土""洪洞""汾河水""叶落归根""乡音""黄土"和"黄河"等高频词。在"洪洞大槐树"移民历史事件下呈现的恋地文化情结多与洪洞县本身的自然环境相联系。提到"洪洞大槐树"，多数受访谈者会产生亲切、温暖、舒服、踏实和安全等心理体验，并通过依恋、归根和祭祖等行为表达与大槐树的联结。恋地文化情结呈现出以"家""根"和"故乡"为主题的"家意象"和移民祖先梦境。这与移民世代相传的"洪洞大槐树"文化符号相关，也与受访谈者个体内在情感和体验有关。

"洪洞大槐树"生生不息的文化情结根源于中国传统文化。通过对半结构式访谈问卷、第一届和第二届"根祖杯"诗词选、古槐联颂获奖作品进行内容分析，呈现"枝繁叶茂""子孙""后裔""生生不息"等高频词。受访者体验到的敬畏庄重感，呈现的相关梦境和"大槐树""鹳鸟""瓜瓞""'寿'字""女娲""观音"和"慈母"等具有文化象征意义的意象是生生不息文化情结的具体体现。民谣故事的传承，供奉祖先和报恩祈福等行为共同构成"洪洞大槐树"生生不息的文化情结。

（2）"洪洞大槐树"乡土依恋形成的心理动力

弗瑞德（Fred，1963）对波士顿西区流离失所的移民哀悼家园的行为所进行的经典研究表明，从居住地强制迁移会造成个体连续性的中断。其他研究者（Fullilove，1996；Hornsey & Gallois，1998）同样发现，与依恋地之间纽带的断裂或分离会产生悲伤、渴望、疏离和迷失方向等负性情绪。Count和Zock（2019）认为，个人的创伤性体验会启动依恋关系系统，促使该个体与一个可靠的感知依恋对象形成亲近关系。这样的一个对象可以作为一个安全的避风港，当发生可怕的事件时向它进行求助，也可以作为一个安全的基础，对个体进行身份建构。"洪洞大槐树"移民事件虽已成历史，但移民与故土纽带断裂的创伤情感在移民后裔间世代传递形成代际创伤，移民后裔个体或群体通过创造连续性、寻找安全感和归属感与大槐树形成联结。

（3）"洪洞大槐树"乡土依恋形成的文化动力

中国文化中特有的崇槐文化与槐树意象相结合，为"洪洞大槐树"乡土依恋形成提供了文化动力。崇槐敬槐是富有中国特色的文化现象，这与槐树被赋予的神秘特性有关。中国民间流传着诸多关于槐树的神话传说，《太平广记》和《夷坚志》都载有槐王和槐神的传说故事。《因话录》中记载，古槐树上常有神仙出没，每每在夜间向外传出丝竹音乐之音。明《保定县志》中提到，有人在白天与人议论槐树被砍伐的事情，夜间便梦见一黄衣老人向自己求救，被砍者会流出血，而砍倒者竟会自己重立原处。由传说演变而成的黄梅戏《天仙配》中，董永和七仙女在槐树神的见证下喜结良缘，成为一段佳话。在中国传统文化中，由"槐精""槐仙""槐祖"演绎出的奇异传说表明，槐树在古人心中是神秘与灵性的象征，而民间崇拜槐树的现象正反映了人们对于生命内在精神灵性的深层诉求。

（4）"洪洞大槐树"乡土依恋形成的原型动力

从原型意象的临床意义来说，象征的物质成分使意识处于启动状态，意识受到象征的激发而把兴趣指向象征，并力求去理解它。这就是说，象征，除了其作为"能量转换者"的动力学作用之外，也是"意识塑造者"，它迫使心理去同化（吸收）象征中所包含着的一种或多种无意识内容。❶

---

❶ 申荷永（2004）。心理分析：理解与体验。北京：生活·读书·新知三联书店。

具体而言,"洪洞大槐树"原型动力来源于大母神和出生原型两种原型意象。大母神原型意象在受访者的梦境和对古大槐树的联想中呈现,具体整理见表5-9。

表5-9　受访者的大母神意象及梦境示例

受访者	典型示例
M18	大槐树如苍老的母亲在村口翘首企盼儿孙回家一般
M22	根如母亲,有滋养、孕育、滋生和包容等含义
W3	大槐树使受访者联想到女娲和黄河
W32	移民离开时,大槐树像一个慈悲、无奈的母亲,看着被迫远游的子女,却倍感无奈、凄凉
W27	大槐树使受访者联想到观音菩萨,母性、慈悲、荫庇众生是其主要特点
W36	梦者梦见移民情景剧《铁锅记》中的老奶奶向她招手,她走过去,那个奶奶就把她带到一棵槐树前,刹那间,大槐树的根活了过来。一眨眼,梦者也进入了槐树里
W8	在梦里,大槐树的根突然断裂,从中间伸出几只手,抓来了很多人,那些人好像是从外乡来的,他们都很开心,欢呼着,有的人还激动地哭了

作为转换和新生的栖息之地,树具有母性(保护、遮蔽、庇护、有营养的果实、生命之源)的象征意义。在中国文化中,槐树的母性象征意义集中体现在槐树的实用价值及槐树所衍生的"怀(槐)子"信仰两方面。槐树冠大叶密,丰茂幽蔼,具有庇护、承托和容纳的特性。槐树具有极高的使用价值,槐花可食用,也可做蜜源;槐叶可做家畜青饲料;种仁可供酿酒;槐米和槐实还可入药。在中国民间,槐树衍化出一层独特的生殖寓意。槐发音通"怀",加之民俗观念中因声求义现象,槐子被民间俗信为祈子灵物,认为不孕妇女吃槐子便能达成"怀子"愿望。在《天仙配》中,老槐的高禖身份与仙女怀子情节相结合,以"槐荫树"暗寓"怀(槐)婴树"(纪永贵,2006)。中国文化下,槐树附着的祈生含义十分明显。槐树具有的母性意象与其自身特点紧密相关,但大母神意象所富含的滋养、孕育、滋生、包容等容器的特征,也

体现在"洪洞大槐树"被赋予的根、家及故乡等文化符号中。

槐树具有的母性象征意义集中体现在树木的母性原型象征中。在中东和印度一带，木被视为构成世界的"万物之本"，具有保护神和"生命之源"的象征含义，这源于古人对树木母性哺育特征的崇拜与信仰（Tresidder，J.，2001）。荣格分析心理学家埃利希·诺伊曼认为"大地作为女性的创造性方面，支配着植物的生存，它掌握着深层的秘密和一切动物生存之根基的'发端与延续'的初始形式"❶。诺伊曼在对大母神原型意象进行分析时提到，"植物象征系统的核心是树，树能开花结果，被正面地评价为生育之所，也被视为生育力的原型象征，它来自原型女性所具有的遮蔽、保护和滋养的基本原型特征"。

出生原型体现在受访者围绕大槐树和鹳鸟形成的意象体验和相关梦境中，见表5-10。

表5-10 受访者的出生原型意象及梦境示例

受访者	典型示例
W11	母亲是叶，父亲是树干，儿女是枝叶，树开枝散叶，枝叶茂盛
W9	槐树枝叶茂盛，若大的枝丫使大槐树呈现圆球形，像"蛋"的形状
W43	在我们那里，大槐树被称为"槐奶奶"，可以向"槐奶奶"祈子
M15	梦者梦见类似于大槐树的房子，齐天大圣在大槐树里跑，一只大鸟在空中飞来飞去，那只鸟的嘴巴尖尖的，身体大大的，翅膀长长的。那只鸟好像和之前去的鹳雀楼有关系
W23	梦者梦见自己在土地里投放了一颗种子，之后种子长成枝叶繁茂的大树，自己站在树下感到很自豪

"洪洞大槐树"呈现的出生原型主要通过槐树和鹳鸟的原型象征意义体现，它们同时为大槐树乡土依恋的形成提供原型动力。"问我祖先来何处，山西洪洞大槐树。祖先故居叫什么，大槐树下老鹳窝"这首民谣中的"大槐

---

❶（德）埃利希·诺伊曼. 大母神——原型分析 [M]. 李以洪，译. 北京：东方出版社，1998.

树"和"老鹳窝"是两个主要意象,其中鹳鸟作为山西汾河两岸的一种水鸟,在东西方文化中是生命再生的象征。

《说文》:"鹳,从鸟雚声。"古籍《雚经》记载:"雚,陆鸟也,而生涯于水。"鹳,作为一种水鸟,有机会接触一切生命的源泉——创造之水,民间亦有"鹳鸣兆雨"之说。《郁离子》载:"鹳,知天将雨之鸟也。"郑玄《笺》:"鹳,水鸟也,将阴雨则鸣。"李时珍《本草纲目》:"鹳,仰天长鸣,必主其雨。"雨水是生殖繁衍的主要象征符号,阿兹特克族至高无上的生育之神特拉洛克就是一位雨神。在中国,雨水则是宇宙间阴阳调和的象征表现。鹳可知雨,雨落地为水,水能润育万物,故鹳与"水"的象征意义密切相关,即具有母性、生命、无意识力量与道的文化象征含义(晏杰雄等,2005)。

水鸟有生命再生的象征意义,鹳作为一种水鸟,也具有生命再生的文化含义。马丽加·金芭塔丝认为"水鸟栖息在陆地上的江河湖泊区,也能飞到天上去,那里是降雨的源头所在。于是,它们提供了一种联系,将尘世的生命同尘世之外的世界联结起来"。水鸟的水性环境特性为在子宫中孕育的"新生命"带去灵魂再生的液体能量。同时,从湖泊中冉冉升起的水鸟,展开湿漉漉的翅膀飞向天空,它们又常被视为驾送死者灵魂升入天堂的使者,成为再生女神的象征(胡建升,2011)。

在许多文化中,鹳代表生育、灵魂、春天和好运。鹳属候鸟,候鸟春来秋去的特性,形象地表现了生命神秘的死去和再生意蕴。在欧洲,白鹳被视为"上帝派来的天使""带来幸福的鸟"或"送婴鸟"。波兰民间信仰认为,白鹳筑巢会带来新生儿诞生等好运。在希腊神话中,白鹳是天后赫拉的圣物,它帮助天后赫拉生育,是分娩的象征。鹳在埃及文化中象征着灵魂与复活,有古老传说认为,未出生婴儿的灵魂生活在沼泽、泉水、水井和池塘等水汪汪的地区,鹳鸟会从水中取出婴儿的灵魂并运送给他们的

准父母。❶

鹳鸟在世界各地的传说和神话中被赋予了"生命再生"的文化象征意义。除了鹳鸟，槐树被民间信仰所赋予的"祈生"含义，也体现了出生原型的意义。大槐树移民后裔中的个体或群体在"洪洞大槐树"处声情并茂地说唱，他们称大槐树为"槐奶奶"或"槐姥姥"，这里对槐树拟人化的称呼具有"祈子"的涵义。《易经》中"天地之大德曰生""生生之谓易"的思想，把天地、祖宗、父母、己身、子孙的过去、现在和未来贯通联结起来，这是中国人生命不息，文化绵延不断的历史意识和终极价值理想。中国传统文化中天人合一、阴阳相合、报本反始、慎终追远、尊天敬祖、生生不息和生命永续等精神理念，在山西"洪洞大槐树"和"鹳鸟"的象征意象系统中获得表达与体现。

（5）受文化无意识影响的"洪洞大槐树"文化情结

在分析心理学理论的基础上，文化情结这一概念起源于荣格早期关于情结的工作和约瑟夫·汉德森（Joseph Henderson）后来的"文化无意识"概念。运用这两种基本思想，文化情结理论在群体行为和个体心理体验中表现出来，成为理解集体心理的一种方式。文化无意识的概念由 Henderson 于 1962 在苏黎世召开的第二届国际分析心理学大会上提出。虽然在分析心理学中，历史和文化背景一直是假定的内容，但这种经验水平却没有得到强调。文化无意识的提出意味着将心理的"文化层面"引入分析心理学理论中，Henderson 的工作为人类经验的广阔领域打开了一扇理论之门。

Henderson 认为，文化无意识位于一个历史的记忆区域，存在于个人无意识和集体无意识之间，有着由集体无意识的原型引发的某种认同，有助于神话和仪式的形成。"洪洞大槐树"的核心意象——槐树与鹳鸟所呈现的大母神原型和出生原型塑造并促进大槐树移民传说和寻根祭祖仪式的发展与形

---

❶ 石毅等（译）（2001）．（英）特里锡德．象征之旅：符号及其意义．北京：中央编译出版社．

成。从更广泛的人类心灵结构发展可知，大母神原型和出生原型反映出土地神话和祭祀仪式的形成，表明乡土依恋现象不仅与个体无意识相关，同时也受到原型、集体无意识和文化无意识的影响，具有深刻的深度心理学意义。

荣格分析师 Morgan（2002）提出，文化无意识这一心理层"确定原型形式或预设位置"，当原型通过无意识的社会、文化和个人过滤时，它被填入一个形象或一个想法，然后出现在意识中。Henderson 提出，无意识的文化层面来自荣格所说的"历史遗留物表征"，如果这些遗留物未受到来自环境的有意义且富有原创性的刺激，就永远无法启动。因此，文化无意识需要借助环境（如家庭、教育和时代精神）的特定有力影响而呈现出来，并得以唤醒和启动。"洪洞大槐树"移民代际创伤所形成的游子文化情结，则是由文化无意识所引发，结合历史事件、中国文化、移民代际创伤和移民后裔家庭互动模式，在大母神原型和出生原型等原始因素的影响下共同作用而成。

Singer 和 Kimbles 探讨了文化无意识的动力学作用，他们将与文化无意识相关的文化记忆视作一个动态且充满生机的动力场域，并非一个供存储或提取的场所。因此，文化无意识的内在动力学机制为大槐树寻根祭祖者形成的乡土依恋现象及二者互动过程中所生成的心理动力、文化动力和原型动力提供了理论基础。

5.4 小结

本章分三个部分论述文化情结对乡土依恋的影响作用。第一部分围绕澳大利亚"创伤性"的土地文化情结进行论述，澳大利亚"创伤性"的文化情结根源于原住居民（土著人）与非原住居民之间长达 200 年的冲突。现代土著作家为了寻找丧失的归属感、身份认同、文化认同和历史连续性，对故土产生了依恋，他们借助重归故土的方式实现生命的完整性，在这个过程中

"寻根文学"随之兴起。由"创伤性"的土地文化情结引发的乡土依恋现象有其内在动力,一方面是根植于土地原型与土地文化的原型动力,另一方面是创伤性体验会启动依恋关系系统,个体需要与一个可靠的感知依恋对象形成亲近关系,在与依恋对象互动的过程中,释放"创伤性"文化情结中的负性影响。

第二部分围绕中国文化中固有的恋家、恋国、恋故土的恋地情结进行了论述。在中国文化背景下,中国人的恋地文化情结根源于与文化无意识相关的"神话原型"和由集体文化模式所传递的"乡土亲缘"和"血缘理性"理念。

第三部分围绕"洪洞大槐树"寻根祭祖文化中体现的文化情结对乡土依恋的影响及其动力机制进行论述。对开放式问卷及相关文献资料进行整理分析,对"洪洞大槐树"体现的文化情结类型及内容展开探索性研究,总结出游子文化情结、崇槐文化情结、恋地文化情结和生生不息文化情结四种类型。在"洪洞大槐树"文化情结对乡土依恋形成的动力机制中,移民代际创伤作为历史层面的影响为"洪洞大槐树"乡土依恋现象的形成提供了心理动力;崇槐文化为恋地文化提供了文化动力;"洪洞大槐树"文化中所蕴含的大母神原型和出生原型为"洪洞大槐树"乡土依恋现象的形成提供了原型动力。

理论研究与实证研究相结合,表明文化情结影响乡土依恋现象的形成。

第6章 自性化寻求对乡土依恋的影响

第 6 章
自性化寻求对乡土依恋的影响

在分析心理学理论中,自性(Self)被视为心灵的中心和整体,它代表着一种"整体人格"。自性通过协调人格的各个组成部分,把一切意识和潜意识的心理过程、内容和特性结合在一起,形成一个有机的整体,使心灵达到整合和统一的状态。作为精神的一种整体力量,自性是意识自我维持人格外在统一的基础和根据,一切人格的最终目标就是自性的充分发挥或实现。自性的实现过程即是自性化过程(individuation)。

荣格指出,自性的力量及能量一旦显现出来,便形成一股几乎难以抗拒的驱策力,要做自己。默瑞·斯丹将自性化视为一种与生俱来的倾向、动力和驱力。伴随这种心灵深处自发的驱策力,自性化成为一个鲜活、有动力的内在心理过程。这一过程与心理的成长和成熟一样,是一种存在于无意识层面的,完全自发和自然的进程,它潜藏于每个人身上。因此,自性化过程是内在于个体心灵的一种自然规律,是心灵不可破坏的"预期的"和"神性的"组成部分(Michael Palmer,1997)。

自性是一种先前存在的人类特征,它不仅是自性化的目标,也是自性化产生的原动力。在荣格看来,自性是整体的原型,因此,自性化实现的过程也是原型指引的过程。詹姆斯·霍尔(2006)认为,自性化历程是要人从潜意识和外在集体世界所提供的众多原型的可能性里找出属于个人的意义。综上,自性化寻求可以被视为个体受到自性原型的"召唤",产生主动行为,通过整合原型世界,达到心灵平衡和寻求生命意义的过程。

自性化寻求是个体本身对完整统一性追求的驱力,这种力量迫使个体与特定地理环境产生联结,因为这些地方能为个体提供满足其自性化发展的原型意象。像任何原型一样，自性原型有时是通过潜意识中自发产生的象征来反映的；有时是通过人类集体智慧中提炼的类似形象来进一步体现。自性作为统一、组织和秩序化的原型，需要通过世俗的形式，以三维现实的自我经验才能得到充实和体现。吸引个体实现自性化寻求的地理环境，其自身特点或蕴含的集体无意识原型意象必然与自性原型的特点相契合，即对个体有特殊意义的地方、空间或环境本身具有能够唤醒和引起个体心灵内在的整合性、秩序性、中心性与完整性、神圣性与超越性的功能（陈灿锐，2011）。

在集体层面，自性表现为形形色色的神话和象征，这些神话和象征将人类内心体验以外在的形式呈现。大自然中充满了象征性，人文创造下的景观或环境也潜在地包含着象征意义，个体可以从不同层面去解读地理环境中的事物及意象，并通过意象所富含的象征及隐喻唤起充满情感的回应。乡土依恋并非人类最强烈的一种情感，但当这种情感变得很强烈时，特定的地方、空间与环境其实已经成为情感事件的载体。

研究（三）将理论研究与实证研究相结合，探讨自性化寻求对乡土依恋的影响作用。理论研究层面，采用文献研究法和比较研究法，分析荣格与波林根塔楼、朝圣者与圣地之间的关系，总结自性化寻求对乡土依恋的影响规律。实证研究层面，将山西"洪洞大槐树"文化背景与大槐树寻根祭祖者行为相结合，运用文献研究法，对"洪洞大槐树"的核心象征——鹳鸟和槐树——进行原型意象分析；运用差异显著性检验，探索不同年龄个体的乡土依恋水平，论证与自性化寻求相关的中年危机现象影响乡土依恋的形成。

6.1 荣格与波林根塔楼

自性及自性化是荣格创立的最为重要的理论之一。对于自性的相关理论阐述，荣格除了在作品和心理学教学中进行，他也将其鲜活生动地落实于

第6章
自性化寻求对乡土依恋的影响

一项建筑工作中——建造波林根的石塔——以具体的物质形式予以体现。波林根塔楼是荣格用石头亲手建造的建筑，它是荣格表述内心最深处的想法和所掌握知识的一种方式，塔楼的最终形态又象征性地展现了荣格精神的完整性。

正如荣格本人所言："这是何等具体的个体化过程……我分成不同的部分建构这塔楼，总是听从某一时期的具体需要。同时也可以说，我是在某种梦境中来建筑这塔楼的。只是在那之后，我才看到这些不同时期建成的部分，是如何完美地构筑在了一起，获得了一种充满意义的形式：一种心理整合的象征。"❶ 总之，塔楼的建造过程与最终成型是荣格自性化在实体现实中的形象体现，是其理论、心性发展和自性化体现的见证。所谓"此心安处是吾乡"，塔楼是心安之处，荣格将自我心性之体验以实体塔楼形式表达出来，即是"乡"的象征性表达；塔楼也滋养着荣格的内在精神与心灵发展，即是"土"的象征性表达。因此，荣格与波林根塔楼之间呈现的联结是更为深层且神圣的"乡土依恋"。

荣格于1922年在苏黎世湖的尽头波林根购置了一处地产，1923年，他在母亲去世后开始在那里着手构建塔楼，历时12年完成了波林根塔楼的建造。在12年间经历了几次扩建，共分四个阶段（1923年，1927年，1931年，1935年），每一阶段又分为4年。1947年荣格72岁时，正式退隐波林根。

6.1.1 塔楼的建造与自性化体现

1912年，荣格与弗洛伊德决裂以后，进入了"中年危机"时期。为了应对这种"中年危机"现象，荣格将精力投入到潜意识生活中，以期在心理世

---

❶ Jung, C. G.（1961）. *Memories, Dreams, Reflections*. Ed. A. Jaffé; Trans. R. & C. Winston. New York: Vintage Books.P225

界建造一处神圣的空间，为幻想及无意识内容找到立足点。然而，内在的神圣空间也有自我表达的冲动。荣格说："我不得不利用一种表征的形式以记住发自内部的绝大多数想法和我获得的任何知识。或者，我以另外的方式储存它们，我在石头中做出承诺。这就是'塔楼'的开始，这房子是我在波林根亲手建的。"❶

位于波林根村庄南部，苏黎世河上游河畔的土地早先属于圣嘉尔修道院，本是教堂的地产。在荣格看来，这片土地富有包藏、容纳和神圣的特性。塔楼的设计起初被设想为简单的一层圆形小屋，荣格想借用这原始的小屋来诠释一种整体性观念，或者说是一种连各种小家畜都参与在内的阖家理念。荣格认为，这样的建筑符合人的原始感情，它在躯体层面及心理意义两方面都会传递出人类所需要的安全感。

然而，对于荣格来说，建造塔楼的目的是要将自己的心象置于有形存在中，这需要一个能呈现或承载自性发展的空间，自性是根植于肉体和血液中，根植于身体中的。❷ 圆形小屋虽然能将人置于一种现实的普遍存在中，但是当生物学意义上本能的行为模式占主导地位时，人便会退化到一种"自发的和不依赖于意识的"状态。（王新生，2009）。于是，荣格将初始塔楼建造成更为欧化的双层建筑结构。荣格对它的评价是："对于这个塔楼，我就对它抱有一种宁静和新生的强烈感觉。对我来说，它代表着一种母性的温热。"❸

1927年，荣格在原建筑结构的基础上增添了一个塔一样的附属建筑，这个附属结构构成了塔楼为其"塔"的重要特色。这一附属塔式结构，呈现了

---

❶ Jung, C. G.（1961）. *Memories, Dreams, Reflections*. Ed. A. Jaffé; Trans. R. & C. Winston. New York: Vintage Books.P196–197

❷ 喻阳（译）（2003）. 变形：自性的显现. 北京：中国社会科学出版社.

❸ Jung, C. G.（1961）. *Memories, Dreams, Reflections*. Ed. A. Jaffé; Trans. R. &C. Winston. New York: Vintage Books.P224

荣格的个体精神，象征其从母性基地中延伸出来，象征其男性力量逐渐增强，是调和不兼容对立面努力的外在呈现（王新生，2009）。1931年，荣格再次产生了内在不完整的体验，于是在1932年对塔形的附属部分进行了一次扩建。荣格在塔楼的二楼部分建造了一个身心放松的私密空间，在那个地方，荣格可以进入不受时间限制的原型心象天地，一个通达内在精神的出入门道。于是，身体和精神——母性炉边和厨房，塔和沉思中心——就被结合进了自然出现的建筑物中。对荣格来讲，这是自性最基本的倾向。1935年，荣格又添加了一个庭院和一个靠近湖边的凉亭，具有女性象征意义的庭院与凉亭的引入，为塔楼营造出朝向天空和大自然的空间，并使它从"三位一体"转变成了"四位一体"的结构，这就为荣格提供了一个更广阔展示其内心世界的机会。

这样的塔楼模样维持了相当长一段时间，直到1955年荣格妻子艾玛去世后，荣格内心产生了想要恢复自己本来面目的职责，于是对波林根塔楼进行了再次扩建。荣格意识到，那"趴伏得如此低、如此藏而不露的屋子正中的那个小小的部分就是我自己！我再也不能把自己隐藏在'母性'和'精神性的'塔楼的后面了。"[1] 在同一年，荣格在这个部分的上方增添了一层，用以代表他自己的自我人格，同时意味着荣格将老年获得的意识扩展赋予到那一部分中。通过这次增补，荣格实现了最终的意识独立，这个过程"包含着心理整合的意义与完整性的实践"。

塔楼是荣格心理过程发生的容器，其外在形式的变化及内在结构的建造，无不伴随着荣格心理过程的发生和变化。塔楼也是荣格心理过程的具体化展现，是荣格自身生命的延伸，承载着荣格完整的精神世界。总体而言，在湖畔深处的波林根石塔，是荣格心理完整性的外在象征，更是其隐

---

[1] Jung, C. G. (1961). *Memories, Dreams, Reflections*. Ed. A. Jaffé; Trans. R. &C. Winston. New York: Vintage Books.P225

秘智慧灵魂的艺术创作。图 6-1 和图 6-2 分别呈现了 1923 年与 1935 年的波林根塔楼外观。

图 6-1　1923 年的波林根塔楼　　　　图 6-2　1935 年的波林根塔楼

6.1.2　荣格的"石头情结"

塔楼是荣格内在心理完整性在石头上的表述，荣格的自性化过程物质性地体现在波林根的石头中，其在波林根的存在扩大到一块石头制成的曼陀罗中（David Rosen，2003）。荣格与石头有一生的"血族关系"，这种关系是"神圣的"，他把石头看作"无底的神秘存在，具体的精神实体"。

荣格有深深的"石头情结"，"石头情结"伴随荣格的一生。童年时，他常思索"我是那个坐在石头上的人，还是被人坐着的石头"。荣格深信，这石头与他有某种神秘的联系，他甚至认为自己具有的另一种存在（其第二人格）是永恒不朽的石头。荣格用石头建造了他的波林根塔楼，在隐居中感悟智慧。正如他所说："我要以石头那样坚实的方式来坦露我的信念，我不得不在石头中做出承诺，这是我在波林根建立塔楼的起源。"❶ 在波林根隐居

---

❶ Jung, C. G.（1961）. *Memories*，*Dreams*，*Reflections*. Ed. A. Jaffé; Trans. R. &C. Winston. New York：Vintage Books.P185

后，荣格说："从开始起，我就感觉到这个塔在某些方面是成熟的地方——一个母性的子宫或者一个母性的形象，在这里我可以成为我的过去、我的现在与我的未来。它给予我这种感觉，我似乎在石头中新生。"❶ 此外，荣格留在波林根的石刻，就像波林根一样著名，尤其是那"三面刻石"，几乎就是荣格心理分析的象征。

荣格儿时常思索的问题"我是那个坐在石头上的人呢，还是被人坐着的石头"类似于中国古代的庄周梦蝶而又疑为蝶梦庄周的故事（申荷永，2002）。荣格在当时当然无法回答这个问题，不过这个谜一样的问题总是令童年的他非常着迷，有时竟会沉思几个小时之久。长大后荣格意识到这个问题的寓意是如此深远：它启示人们可能存在一个像植物的根一样不死的"永恒的"世界，而个体的生命就像花开花落、草木一秋那样短暂、有限。因此，像植物的根和石头这类的东西是可以象征永恒的生命的，它们是不朽的，和它们打交道就是和神打交道，是和自己内心深处的神性或原型打交道。

荣格故居门栏上刻有拉丁文的德尔菲神殿箴言："呼唤与否，神灵永在。"对于荣格来说，这是告诫人们，也是提醒他自己，敬畏神灵是智慧的开始。荣格建造塔楼，在其意识与无意识之中，他不仅要在此生活，而且一心要用其生活换生命与上帝和神灵来沟通。于是，有意或无意中，要为神灵留出适意的空间（申荷永，2018）。这种神性体验的追求通过石头的象征寓意得以诠释。

6.1.3 自性化寻求与石筑波林根塔楼

石头在荣格的一生中具有非常重要的象征意义，这与石头本身具有的

---

❶ Jung, C. G.（1961）. *Memories, Dreams, Reflections*. Ed. A. Jaffé; Trans. R. &C. Winston. New York：Vintage Books.P225

属性及其象征意义相联系。在心理分析中，石头常被看作自性的象征，特别是与自性的神圣性特征相关。许多古代文化中的石头都具有力量与融合力的象征意义。由于石头本身具有持久与永恒的特性，它常被人们赋予一种能够聚积人们内在情感、精神和经验，使之成为永恒并予以传承的功能，许多人把它作为全部神秘的生命力量的容器，因此，石头在许多文明里标志着神的威力。在原始社会中，粗糙、天然的石头常常被认为是精灵或众神的寓所。

荣格认为，不易腐蚀性、永久性、神性、三位一体性等石头的属性使人们将它看作物质中隐藏的神，而对物质的强调是把石头选作上帝意象的首要证据。神或上帝都是人类的集体无意识自发地构想出来的意象，是人类的共同遗产，它们以潜移默化的能量影响着一代又一代人的生活。在荣格看来，上帝意象与自性原型在象征意义上具有同一性。英国分析心理学家福德汉姆（Fordham，1966）在谈到自性时说："潜意识地但却坚定地寻求一种目标，这种目标最终被界定为追求完整——那种神秘的实体，'整体的人'——而且它使精神的意识和潜意识方面建立联系成为必要的。这种体验也可阐述为发现人心中的上帝或全面体验到自性原型。"[1]

荣格在去世前曾有这样两个梦境（申荷永，2004）。一是关于波林根的：在梦中，他看见了另一个波林根沐浴在灿烂的阳光下，一个声音对他说，"现在已经完工了，可以准备住人了。"另一个梦，发生在荣格去世前的某个晚上，他在梦中看见一块大的圆石头，上面刻着："这是你的完整性和同一性的标记。"[2] 波林根塔楼是荣格自性化寻求的体现，通过石头的象征意义进行呈现。

---

[1] 刘韵涵（译）（1988）.荣格心理学导论.沈阳：辽宁人民出版社。
[2] Jung, C.G.（1961）. *Memories, Dreams, Reflections*. Ed. A. Jaffé; Trans. R. &C. Winston. New York：Vintage Books.P225–226

6.2 朝圣者与朝圣地产生的联结

世界各地都有朝圣的形式。朝圣似乎是人类天性中根深蒂固的一部分，其根源在于狩猎采集者的季节性迁徙，更遥远地说，是源于数百万年的动物迁徙。朝圣是一项具有重大道德或灵性意义的旅程或探寻。一般认为，朝圣是指信徒带着强烈而巨大的心愿，沿着一条相对固定、充满神迹启示的圣路，出行到一个神圣化的地方或神圣中心。

朝圣是人类普遍存在的文化现象，在不同文化背景中，朝圣者的类型、动机和行为虽不尽相同，但他们的朝圣过程都离不开情感投射和依恋象征对象——圣地。圣地本是一个作为客观物质存在的地点概念，然而对于朝圣者来说，圣地却是具有象征意义的心理承载物。朝圣地具有多种形式，大致可以分为以下几种类型：神圣的自然景观，包括河流、湖泊、树木、山脉、其他被神圣化和崇敬的自然元素，其中，高耸的山峰被尊为神灵和祖先的居所，神圣的河水被视为信仰之流（如印度的恒河水）；被圣化的自然环境，包括圣人的诞生地或去世地，据称神生活或"居住"之地，神圣力量的中心；还有神圣的建筑物，如神庙、神龛、寺庙和教堂等。

圣地是朝圣者心中的净土，朝圣之旅可视为朝圣者凭借笃定的信念回到"心乡"之地，守护心中"净土"，进而与生命之根联结，最终获得归属感、安全感、价值感与意义感的过程。因此，朝圣者对圣地的依恋是神圣化的"乡土依恋"。

6.2.1 自性化寻求与"上帝意象"

朝圣之旅大多是前往象征"神"存在的地方的旅程，是宗教意义上的精神文化之旅。黑格尔曾说过："宗教需要把神灵在一定程度上表现为可以感知的物质现象，以便让群众更好地感到神确实存在，从而让宗教情感有投射的具体对象。"

分析心理学认为,"上帝意象"是个体心灵中必不可少的一种心灵事实。在荣格看来,灵魂是非空间的宇宙,它有丰富的意象蕴藏,这些意象经历了千百万年生命发展的积累逐渐成为某种有机体。灵魂中必定有一种与上帝沟通的机制,即一种对应关系,除此之外不存在其他联系。这种对应在心理学上称为上帝意象原型(archetype of the God-image)。在不同文化和历史长河中,"上帝意象"具有各式各样的表达形式,父神、母神、救主神、天上男神和女神以及大地和阴间之神都是上帝意象的例子。无论是现代世界中的神,抑或是任何时空神话中的神,这些意象都是人类的共同遗产,并存在于每个人心中。

上帝意象的多样性表达了人们心灵深处对完整性的渴望,这种存在于潜意识中的寻求也是个体创造任何上帝意象的内在动力。荣格在他的治疗实践中发现,生活在当代社会中的个体,都能从其无意识中自发构想出跨越时空的神话意象,而且这些意象对个人产生深远和强烈的影响。荣格说:"心理学仅在心灵的完整性象征上与神的形象相吻合,但是神的形象不能被证明就是上帝本身,或者用自性去替代上帝。"[1]在荣格看来,自性原型与上帝意象在象征意义上具有同一性,自性的经验即是将我们与"神"联结的真实内在经验。

荣格认为,上帝意象是自性的局部表征。他指出,"自性经验主义自发地出现在特定象征的形式中,并且它的整体在曼陀罗和它无数的变体中首先是可辨别的。从历史角度上说,这些象征是作为上帝形象来验证的"[2]。上帝意象可经验性地展示为:存在着这样一个先于和大于意识的整体。意识在它

---

[1] Jung, C. G. (1957). *Aion: Researches into the phenomenology of the self* [M]. Princeton, NJ: Princeton University Press.

[2] Hall, C. S. and Nordby, V. J. (1973). *A Primer of Jungian Psychology* [M]. New York: Mentor Books.

的体验中把这个整体体验为某种"神圣",即某种"既可怕又迷人"的东西。上帝意象是来自心灵原型层次的灵性象征,它捕捉并传达了人在直观或感觉中所体会到的令人敬畏、绝对、等同宇宙、永恒的存在。这类象征可直接将个体引入原型世界的体验中,即将远在自我范畴和人类可觉察之时空界限以外的某一面向传达了出来。因此,上帝意象是一个能捕捉自性某一重要面向的心灵意象,当呈现于意识自我时,上帝意象是个有用的象征,可作为自我和原型自性之间的桥梁。自我和自性之间的联结,基本上就是由上帝意象构成的,个体需要利用上帝意象去与自性建立联系。

6.2.2 "上帝意象"与圣地

法国社会学家杜尔凯姆(Emile Durkheim)认为宗教将世界划分为"神圣"与"世俗"两大部分,其中神圣的世界包括个人内在心灵中的神圣世界和存在于个体之外的神秘感的投射对象——物化的神圣世界,即神圣对象,如神山、圣湖、寺庙、佛祖、上帝和圣人等形象。在朝圣关系中,神圣对象成为"上帝意象"的投射客体,朝圣者凭借将心灵和身体接近神圣对象的方式,与内在的自性建立联结。

圣地是被信仰者赋予神圣感的空间环境。圣地可以是朴素的自然环境,如一片树林、一汪泉水、一块岩石或一座山丘,倘若被人们视为崇高的地点或承载了极重要的事件,都具有某种神性。圣地也可以是房屋、城镇、寺庙或教堂等建筑,它们具有历史文化意义或具有举行仪式的用途,从而将世俗空间进行转化,使其具有神圣的意义。这类空间环境往往借助外在的力量予以圣化,这些力量可以是圣人或圣物。圣地作为个体心灵"上帝意象"的投射物,其所具有的特质是与"上帝意象"相契合的。在深度心理学层面,圣地作为个体心灵的灵性反映,是内心体验的外显形式,个体与精神实体接触,恰如荣格所说——把它们带进我们的灵魂。

圣地本身能将什么带入个体的灵魂？圣地具有诱导、激发或唤醒自性的特质。圣地因其自然特性、神圣对象或仪式行为而使心灵体验产生整合性与神圣性的功能。罗马尼亚宗教学家米尔斯·伊利亚德认为，一个神圣空间是一个中心，任何一种对空间下定义的努力都是试图在混乱中创造秩序，它们的重要意义在于原始的创造行为，并衍生出了这类行为的神圣属性（段义孚，1974）。对于当代社会来说，中心的意义并不是指一个在水平面上占主导地位或占据空间几何中心的位置。相反，中心是具有象征性的，是将个体从周围环境中分离出来并将人的领域和时间与另一种时间或另一种意义维度联系起来的地方（Counted，2017）。

将圣地视为中心的理念，反映出人类与生俱来在混沌中定位中心，建立秩序的渴望，正如自性为心灵带来秩序，使心灵的各部分协合无间（见图6-3）。与圣地接触可理解为人类在自性原型力量的驱使下，追求整体统一、表达中心的自发性冲动，因为每一个人身上都有一个包含该人独特存在性的中心，这个中心会很努力地进行自我表达（Jeffrey Raff，2012）。

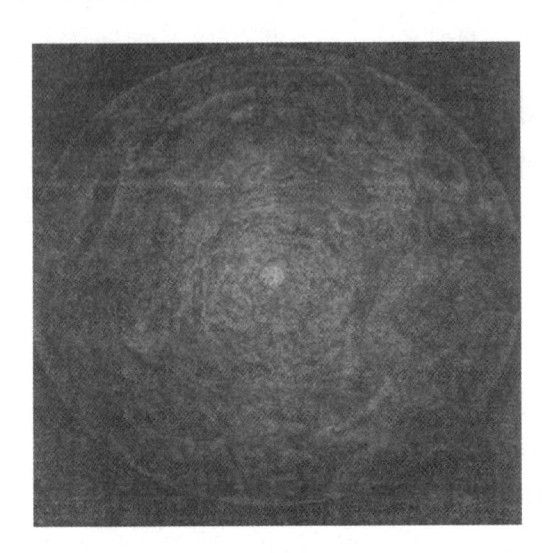

图6-3　混沌中的秩序与中心

（取材自 Barnet Coenders van Helpen，Escalier des Sages，1689）

无论是以自然为主还是以文化为主的圣地，圣地最显著的特征就是其所具有的"神圣"性，这种神圣来源于神圣对象本身所具有的特质，但对于体验这种"神圣感"的个体来说，神圣感是由神圣对象以情感的形式反映到心灵中的。德国神学家鲁道夫·奥托（Rudolf Otto，1936）将这种情感体验称作"令人畏惧的神秘"，这种"令人畏惧的神秘"因素存在于个人虔敬的猝然爆发与其所展示的精神状态中，宗教仪典井然有序的庄重肃穆中，以及在古老的宗教纪念物、建筑、庙宇和教堂所形成的氛围中。这种神圣与敬畏的情感体验是一种近乎神秘、足以让人相信生命具有意义的宗教经验。这种宗教经验如"走入灵性"或"获得灵启经验"，灵启经验可搭起令人信服的联结，让人与远在个人心灵和灵魂以外的超越者、存有之本以及神性联结起来。

荣格认为，"自我"与"自性"相遇的体验，是一种产生敬畏的神圣经验。神圣总是启示性的，它是原型身份中散发出来的启蒙力量。与神圣的联系也为人们提供了一种对地理空间的认同感，这种认同感可能会跨越时间历史的界限持续几代人，从而提供了"通往持续的认同感的象征性生命线"。由于神圣的"象征力量"，给予了这些地方一定程度的持久性，使它们比变化更持久（Mazumdar，2004）。

因此，圣地作为神圣的象征，以意象、仪式或声音的形式与朝圣者相遇，引发其"无限畏惧但令人神魂颠倒的神秘"体验。或许我们可以认为，那种借由与神圣对象产生联结而获得生命意义的宗教经验，是朝圣者对圣地产生依恋的深层心理原因，也是个体自性化实现的深层动力所致。

6.2.3 朝圣者的自性化寻求与乡土依恋

早在公元前 8 世纪，朝圣旅行就已兴起。11—14 世纪，朝圣发展为一种普遍的宗教现象，作为一项具有重大道德或灵性意义的旅程或探寻，朝圣旅行至今仍保有生动鲜活的生命力。朝圣者为了在神与自己的灵魂之间建立联系，进行了诸多"正心诚意"的努力。他们在朝圣之路上吃素食、着戒衣、诵经文、拜神灵、朝圣迹等，以此清净身心、砥砺意志，使其精神达到一种神圣的境界，寻求精神的归宿。另外，在朝圣过程中，不同社会阶层和文化背景的朝圣者打破身份的限制，建立起一种平等和谐、真诚相待的人际关系。朝圣者抵达圣地后，也会对圣地神灵进行祈求、忏悔、反省，通过对自己的约束加强道德规范。

朝圣是一种宗教行为，也是一种宗教体验。威廉·詹姆斯认为宗教是指当个体感到孤独时，与自己所认为神圣的对象保持关系而产生的感情、行为和经验。对于宗教的理解，荣格与威廉·詹姆斯相同，他偏重于个体对神或神圣物的主观感受和内在体验。在《心理学与宗教》一文中，荣格指出："宗教，是对鲁道夫·奥托（Rudolf Otto，1936）恰当地名为'圣秘'（thenuminosum）的那样一种东西所作的细致观察。"这种心态的形成符合"religio"一词的原始用法，religio意味着对某些充满活力的要素的细致而小心的体察。荣格认为，与上帝意象产生联结要求个体建立一种"生活的宗教观"，即通过自性化来洞察心灵本性。借助这种方式，个体能够体验到自己心灵存在的一种永恒的、有原型基础的经验。

朝圣者克服重重困难前往圣地，本质是与内在的上帝意象建立联结。"上帝意象"是个体在历史长河中对宗教经验的象征性表达，通过遗传镌刻在每个人的心灵深处。在荣格看来，宗教经验的普遍性就是"宗教本能"的存在证明，它与其他本能及心理动力结合后便能促使个人迈向自性之体现。正如上帝原型只有通过它产生的形象被认知一样，自性原型只有通过它的象征而被认知。无论是希望借助神灵之力来摆脱灾难，还是希望通过忏悔获得灵魂救赎，或是希望通过满心诚意来祈求福气，朝圣者都是在潜意识层面对原型世界进行整顿，通过将有意识的心灵与它无意识的对应物公开交流的方式，修复在世俗与神圣、意识与潜意识以及身体与心灵之间挣扎的分裂灵魂，还原生命本然的实在。

荣格认为，每个人的灵魂深处都隐藏着未来发展的种子。从终极意义上讲，它是一颗神性的种子。朝圣的过程是使内在灵性种子发芽的过程，这个过程中一切非本质的表面附加物逐渐蜕掉，在外界环境压力下发展起来的自我屈服让步于个人内心世界的压力和冲动，屈服于他的内在本质、他的灵魂（即自性）。因此，自我献祭给自性，现世的存在获得了意义，这是朝圣之旅所产生的深刻心理意义。

朝圣者对圣灵或圣地的"神圣"信仰源于对神灵的敬畏，正如德国神学家奥托所说，"由于敬畏，才有信仰，有了信仰，才有上帝的存在"。从深度心理学角度看，朝圣者对圣地的向往，是其自我实现、完善及寻求生命意义的自然和自发性冲动，也是朝圣者内在自性化寻求的外在体现。朝圣者借助于外显形式的神圣对象，如上帝意象或上帝意象的物化实体（神山、圣湖或寺庙等），与自性相联结，通过仪式性的方式前往神圣对象所在地（圣地），实现"自我"献祭给"自性"的深层心理意义。

综上可知，当个体受到特定地理空间所具有的原型象征力量的影响时，会与它产生联结。然而，特定的环境与地方只是这些原型力量的承载体，个体深层的心理动力源于其追求内在心灵的真实性需求。当两个要素同时具备时，也即时间与空间达成"共识"之际，个体就会受到自性化寻求的影响，与特定地理环境形成联结，这些具有象征意义的特定地理环境在心灵层面代表个体的"乡土"空间。

6.3 "洪洞大槐树"自性化寻求与乡土依恋

张敏（2011）从荣格分析心理学的角度分析了《诗经》中表征"上帝意象"的四个象征，分别是"天""帝""神"和"祖"。其中，投射到大自然之上的"神"的意象，与人类关系更亲近。而在人类的普遍经验中，"先祖"源自集体无意识的父母原型意象，也成为上帝原型意象的象征。"洪洞大槐树"的槐树、鹳鸟和祖先作为集体无意识内容的表达，以其神圣的象征作用影响寻根祭祖者无意识心理的深层体验。

6.3.1　鹳鸟与《观》卦的生命意义与自性化

（1）鹳鸟与《观》卦

"洪洞大槐树"具有的自性化意义在易经《观》卦中得到呈现和诠释。鹳鸟是"洪洞大槐树"文化的象征，它与《观》卦的"观"字有密切联系。从字源演变角度可知，观通觀，且覌字中有"鹳"，故鹳鸟引申下的"观"在心理分析意义中包含了探索无意识的象征及"观感化物"的心理分析原则（申荷永，2004）。

观，古文通觀，在六书中属于形声兼会意。许慎《说文》载："观，谛视也。"张舜徽在《说文解字约注》中进一步解释说"取闿明视物审谛意"。闿，指开启，即指"观"的意义为开启明白事物，予以仔细审查。"观"在甲骨文中像睁着两只大眼的鸟。金文"观"字仅见，左边像鸟，右边加上"见"形。篆文覌变为从见、雚声。从"见"表示看；"雚"除表示音读，也兼有雚鸟睁大眼睛观察、寻找猎物的意思。"雚"古同"鹳"字，指一种水鸟，即白鹳。清代黄宗炎对"观"字做出详细考证并提出："观，谛视也。从见，从雚。雚，水鸟也，形似鹤而无朱顶，以喙相击作声，其巢高大，喜登乔木而远望，能知灾沴之气，趋避风雨，人之所见如此，则详审而不安于卑近矣。"由此可知，"洪洞大槐树"移民文化象征——"鹳鸟"意象——与《观》卦有关。除此之外，"洪洞大槐树"的文化内涵也在观卦上下卦的引申义中有所体现。

观卦䷓下坤上巽，是《周易》中的第二十卦。观卦上卦为巽卦，巽为木，为长，为高，为风，为绳直等。"以巽为木、为长、为高"可引申出大地上长着一棵高大的树。这与"洪洞大槐树"的高大树木状貌不谋而合。巽为风可引申出风范、风尚、家风等意，巽为绳直可引申出继承传承、发扬光大等意。"洪洞大槐树"在寻根祭祖文化的影响下，主流意识、圣贤风范、良好风尚和优良家风得以发扬光大，进而起到了引导、渗透、潜移默化的教化作用。"观"卦下卦为坤卦，坤为地，为众人，为柔顺等。坤为母，为腹，母腹为生命之源，"生"取象于坤卦，引申为生民、生灵、生命、人生。"大槐树"和"鹳鸟"的象征意义及"根祖"文化意义都凸显出其所蕴含的"生"寓意。

（2）中国文化与自性化

"观"卦中有正心诚意，明心见性，中正以至德，尽性以合天的意蕴。"圣人事神，为修道也，非为求福……无非修己以敬，反身而诚，以尽乎性，以明乎道而已。"观卦内观以明，外观以化，通过"观心""观性"以明明德，正如孟子所言："尽其心者，知其性也。知其性，则知天矣"。

①观心以知"神"

"观，谛视也。"《说文》："谛，审也。"审有细察、详审之意。从"谛"的构字结构看，左边的字形像张口说话状的言；右边帝字指上帝、天神；谛字表征仔细领会或听取"上帝"之神的言语和指示，带有虔诚和信乎的情感色彩。因此，"谛视"之"观"有人神沟通的象征意义，表明人对神性的诚敬之心。《周易》哲学中的"神"并非指外在客体，而是象征个体"藏于心，发于性，与生俱生"的内在神性。人不自观，遂不知"性"，不知"道"，不知"神"。人若自观，即可由观心而知"神"之所存。

《观》卦卦辞"盥而不荐，有孚颙若"蕴含有"洗心"以近"神"的深刻心理寓意。"心"及其内涵反映的是中国文化中的心理学真谛。在中国文化中，心被喻为道之本原或天地之心（申荷永，2001），其本身包孕着整合与超越的象征意义。心者,人之本性也,是智慧之舍,灵性之源。《皇帝内经·素问·灵兰秘典论》:"心者,生之本,神之变也。"这里认为心中所包含的,正是天之所赋,虚灵不昧之灵性。因此,中国传统文化中,"心"可视作神性、灵性的源泉。观心而知神,此处之"心"须真诚明净。"盥而不荐"强调祭祀时要持至诚至敬之心,诚敬之心要真、净、纯。"盥"有用水清洁之意,这里的"盥"可引申为"洗心"以达"自明",故,"观"蕴含"明心"之道。"有孚顒若"之"孚"表人天交感而相契应。唯人心清明洁净,人神才有感孚。正所谓,"唯能清静,乃能光明;唯能洁净,乃能诚一。清明不二,乃与神一。神曰神明,人曰诚明。其明同,则其观同。此观之大用,在通天人而一之"❶。

"洪洞大槐树"是寻根祭祖之地,前往这里寻根祭祖的移民后裔及信仰者对"大槐树"和祖先都秉承着孔子倡导的"祭如在,祭神如神在"的虔诚态度,即在祭祀祖先时要像祖先就在眼前、祭祀神灵时神灵就像在身旁一样。从心理学的角度看,祭祀的庄重性和神圣性,会令个体体验到"令人畏惧的神秘"(mysterium tremendum)感,这种感觉净化人的心灵,促使个体产生内在神性的体验,这种体验是让自我意识去觉察到自性存在的过程,是真正自我或真心的觉醒与成长。

② 观性以知"天"

观心可得本体,洗心与神感孚,明心亦可见性。孟子指出,"君子所性,仁义礼智根于心""尽其心者,知其性也。知其性,则知天矣。存其心,养其性,所以事天也。"王阳明指出,"心也,性也,命也,一也。"儒曰:"存心养性"。道曰:"修心炼性"。释曰:"明心见性。"心性者,本体也。"性"字,从心从生,生亦声。阮元指出:"按性字本从心,从生。先有生字,后

---

❶ 张文智(2019)。从观卦[☰]看《周易》中的"神道设教"观——兼论儒学的宗教性问题。东南大学学报(哲学社会科学版),21(04),30–38。

造性字。生、性古字相通，生字古读即与性同音（裴燮君，1995）。"《广雅·释诂》："性，质也。"《礼记·中庸》："天命之谓性。"《孟子·告子》："生之谓性。"徐灏《说文解字注笺》："戴氏侗曰：'命于天固有诸心曰性。'"引而申之，凡命于天而成于物者，皆有恒性。性乃与生俱来的本质，具有性根、性质、性理之义；性又是"心"与"生（命）"的结合，这意味着与生俱来的最原始的心理本质及其生命与生活中的心理意义（申荷永，2018）。《观》卦爻辞中一再出现"观生"之语，其中，《观》卦"六三"爻："观我生，进退"；"九五"爻："观我生，君子无咎"，都是主体指向自身内部世界的"内观"，这种内观以明的"观—看"之道通过观心寻找永恒不变的根本自性，而后尽性以合天。

"大槐树"寻根祭祖文化与心理分析中的"自性"密切联系。"自"本用来表示自己、自我、自身；同时具有起源、自然、本来之义；"性"，具有性根、性质、性理之义，是"心"与"生（命）"的结合。心安处，必有根，"寻根"是寻找自己、自我及自身的起源；"祭祖"体现了对生命之根的敬畏与感恩，故"大槐树"寻根祭祖文化体现出在"生命"中寻找最原始的心理本质之寓意。

中国文化一向注重"人文"精神，而人文精神的主要重心则在人的"心"。寻根祭祖是为了寻找生命的真谛与意义，使自我实现归属感或使"心"有所安，其真谛集中体现在中国文化中的孝心、善心、天地良心中。在中国，一个人生命与生活的意义，可以反映在他人或社会与文化的心灵中。中国社会主要是由人与人之道而形成的，就是所谓"人""人心"和"人道"。孟子说："仁，人心之安宅也。"孔子教人把心安放在道之内，安放在仁之内。又说："孝悌也者，其为仁之本矣。"宇宙万物，都有各自的生命源头，而孝悌之心会将我们的生命之根源深扎于沃土中。就像大树只有长在地上才能存活一样，大树一旦离开大地，就不可能再活。《诗经》曰："哀哀父母，生我劬劳，欲报深恩，昊天罔极。"孝只为求报恩，报恩是人类相互间一种值得重视之善意，一种高贵的道德情感，而善是人心内在所固有的最高尚质量，将人心内在固有之善发挥光大，各人凭其各自内心之明觉而向内体验，乃是实现人内在的"天性"。

在中国文化中，行善尽孝是有"良心"的表现。中国人靠"良心"来生活，良心在中国文化中具有特殊的宗教性的意义和作用，一旦拥有了良心，甚至已不需要追求死后的灵魂，"天地良心"便可使人获得永恒，由此寄托着内在的充实和生活与生命的意义。在分析心理学中，荣格把"良心"放在无意识负责任具体化过程的中心，良心在自性化过程中起着维持个人每天实际生活的作用，它迫使自己去遭遇内在的阴影。也就是说，没有道德因素的自性化是无法去检验良心的，而良心作为检验个人动机的最重要指标，对于识别自己的阴影是很重要的。"如果一个人被赋予道德义务感并相信道德价值的神圣性，他就走上了一条非常确定的义务冲突之道……义务冲突迫使我们检验自己的良知，从而发现阴影。这反过来，也促使我们要好好对待无意识。"[1]在这个复杂的道德冲突中，尤其是遇到一个人的伦理良心时，将会促进自性化过程。自性化本身是一个道德注入的过程，它服务于一个更大的道德结果。良心，作为自性化过程中不可或缺的因素，是实现这一更大伦理目标必不可少的要素。

"寻根祭祖"的真谛渗透在中国文化传统的孝心、善心、良心中，使寻根祭祖之人"心有所安，安之若命"。庄子在其《德充符》中，借申徒嘉与郑子产的对话，提出了"安之若命"的观点："知不可奈何而安之若命，唯有德者能之。"庄子所崇尚的德，是得之于天的本性，也是我们的自性和真性，源于自性和获得整合的真实自我。

---

[1] David W. Robinson（2005）.*Conscience and Jung's Moral Vision: from Id to Thou* [M]. New Jersey: Paulist Press.

③ "中正"之德以致其用

《周易·观卦·彖》曰,"大观在上,顺而巽,中正以观天下。观,盥而不荐,有孚颙若,下观而化也。观天之神道,而四时不忒;圣人以神道设教,而天下服矣。"故可知观之大用,不在祭祀,而在感孚,上观以孚天性而达性命之源,以立其本;下观以孚于人情而化育万物,以达其用。圣人设立观卦的目的是启示人们通过"观"以成其德、达其道,进而反于天性之源。犹如观水一样,须通过观而上溯其源头,进而顺其流以明其德而致其用(张文智,2019)。在"德"之象形中,有从真和从心之意蕴。毛公鼎中的"德"字,上面是眼睛,下面是心与行旁。其中,上面的眼睛是与下面的心相连,而"德"中亦有身体力行、听从真心的内涵。老子说:"含德之厚,比于赤子""修之于身,其德乃真"。

在观卦中,"初六童观""六二窥观""六四观国之光""上九观其生"都是主体指向外部世界的"外观",这种"外观以化"依赖人之"中正"之德。何谓中正?《说文》:"中,内也。从口,丨。上下通也。""口"之形为祭祀中之器皿,"丨"本意仍是上下通。因此,"中"有通过祭祀而使人的内心与天道相通相和之意(杨燕,2010)。《说文》:"正,是也。从止,一以止。止谓止于至善,一谓建中立极之大本,止于建中立极之本,守而勿失则无往而不见其是,不得其正,故正之本义作'是'解乃极当之称。""中正"是杨简口中"中而无所偏倚,正而不入邪,以此观天下,故天下瞻之仰之"的高尚德行;是"守之贵,行之利,廓之配天地"的圣人之道,其具有深刻的心理寓意。

中国人所崇尚的德行呈现从小到大、从个人到集体的整体发展观。《大学》载:"欲明明德于天下者,先治其国。欲治其国者,先齐其家。欲齐其家者,先修其身。欲修其身者,先正其心。欲正其心者,先诚其意。欲诚其意者,先致其知。致知在格物。一是皆以修身为本。"钱穆(1968)先生认为，中国人把力量大而化之为道为天，小而纳之于各个人的德行，使各人的"德行"能与"天"与"道"合而"为一"，则各人便是一枢纽，一中心。此身即是一自然，亦即是一天地，与大群合一之天地。

"洪洞大槐树"寻根祭祖文化由小至大体现的是孝德、恩德、善德。这些"德行"通过个人的实践、家庭间的代际传递从个体自性层面扩展到了集体自性层面，使个体、家庭、社会与自然间达成一种和谐的状态。

中国人讲孝道，侧重于"亲爱"的德行培养。能亲自能仁，能仁自能爱。子女对父母能孝，才会对其他人有亲情爱意。才可推而至于对家庭、对于全人类，到达一个理想的"为人之道"。孝只为求报恩，报恩正是人类相互间一种值得重视之善意，而善是人心内在所固有。把此人心内在固有之善，在每一人身上平等负担，如果每个个体能将"善德"发挥光大，则整个世界可达到一种融合境界。

④ "洪洞大槐树"寻根祭祖者的"观心"体验

"洪洞大槐树"寻根祭祖者的"观"体验集中体现在祭祖体验中，祭拜祖先时可观心境，有些受访者会因大槐树所具有的神圣、敬畏和虔诚感而产生真实和深刻的朝圣体验。

M8：祭拜祖先的那一刻，我心中涌现的，有对家人的祈福，同时还有对祖先的怀念和追思，恍惚间我似乎看到先民们在这片土地上劳作的场景。这次寻根祭祖，似乎增添了一种宗教意味。

W33：向祖先磕头的时候，我会有一种宗教般的神圣和敬畏。在敬畏中我有一种感悟——净土不在别处，都在自己的心中。

在"洪洞大槐树"寻根祭祖的人会通过对祖先及父母的追思，深化感恩之情。"感恩"二字皆由心生。感，《易·咸卦》：天地感而万物化生，圣人感人心而天上和平。观其所感，而天地万物之情可见矣；恩，因心为恩。故感恩之心是善心、孝心和良心的集中体现。

M31：可以说，这种寻根祭祖文化的形成源于中国人的良心、孝心和感恩之心。父母给予自己生命，我们要对父母尽孝，祖先给予父母生命，我们要对祖先怀有感恩之情。我们应该培养后辈的感恩意识，只有懂得感恩，才能让我们子孙后代牢记自己的生命起源于山西"洪洞大槐树"。

M58：这次专程来大槐树寻根祭祖，也算是替我父亲以及自己家族去追溯历史的根源吧。特别是在父母去世后，我对孝道和中国的孝文化有更深刻的理解。祭祖堂内，我在祖先和父母姓氏的牌位前鞠躬磕头，以此缅怀和感恩父母对我们子女的养育之情。

"洪洞大槐树"寻根祭祖者，亲自到大槐树追根溯源，面对祖先以"观"自己的生命归属感，是关照自性的一种表现。默瑞·斯丹（2016）认为，东方的社会是集整体性和集体性于一体的，因此从中国传统文化层面讲，建立身份认同的方式是与"我是谁""我和谁有关系""我的人际关系如何"等问题密切联系。因此，东方文化下的心灵结构较西方多了两个维度，即家族式的集体意识和家族式的集体无意识。东方传统文化是建立在家族结构上的，因此家庭或家族文化的完整性会影响个体自我的建立。

对于"洪洞大槐树"寻根祭祖之人，完善家谱、追根溯源、通过祖先"观"到自己的生命归属感等行为，本身就是自性整体性和完整圆融的自我表达与体现。

M5：没有人不想了解自己的祖先，没有人不想知道自己的来历。人若不知自己生命之根在何处，不知故土故乡在何方，便会觉得自己像一片草叶飘在空中，缺了一种踏实感。

M60：人没有了投奔就没有了皈依，失去对祖先的敬畏，失去对故土的依恋，就失去了生命的重量，即使走得再远，也只是漂浮而已。个体的生命从祖先那里来，也终将会回到祖先那里去。这就是一脉相承。来到这里，让我找到了身份认同感和生命归属感。

6.3.2 槐树的"神性"文化象征意义与自性化

树是人类共有的一个意象，古代先民认为树是超自然的物种，倾注了许多神灵赋予它的创造力，因此，树是神性、灵性以及生命力的象征，又因树是自身条件与外在环境和谐的产物，树象征着整合与统一，与自性相联系。在地球上所有适于树木生长的地方，都存在树崇拜的文化传统。

槐树所蕴含的神圣性以中国文化特有的"社木"形象予以表达。槐树在先秦被选作社树，并往往与三公之尊位相连，具有神圣性和崇高性。植槐最早可能起源于我国古代的"社坛立树"。古代立社有植树之制，战国金文注社稷之"社"，土上有时增益"木"形，表示种植树木之义，与古文字祋构形相同。《墨子·明鬼》："必择木之修茂者，立以为丛社。"表明古人多立社于茂树之下。《白虎通疏证》有记载，社树之礼，主在尊崇和标识两方面，意使民望而敬之并彰显田作之功。槐树属阴性且生命力旺盛，故成为周人推崇的社树之一。《尚书·逸篇》载："太社惟松，东社惟柏，南社惟梓，西社惟栗，北社惟槐。"由此可知，槐树在西周时期被尊为掌管北方土地的社木。《周礼·秋官》载周朝宫廷外种有三棵槐树，三公朝天子时，面向三槐而立，这三棵槐就是朝廷所植的社树，同时说明槐树开始是植于宫中，是宫廷之树。

槐树的神性与灵性特征所衍生出的"神秘"色彩，可由"槐"字的汉字结构所体现。《说文》："槐，木也。从木鬼声。"从古人造字的角度看，槐，落叶乔木，故为木也。在槐字的结构中，鬼字虽只充当其声旁，但槐的文化意蕴却包含着鬼字所固有的深层涵义。甲骨文"鬼"字作𢇛，像人身而巨首之异物，以表示与生人有异之鬼（徐中舒，1990）。《说文·鬼部》："人所归为鬼。从人，象鬼头。𢇛，古文从示。"由鬼的字形演变可知，"鬼"实即取象于招祭死者灵魂之际头戴可怖面具，通天通地之"巫"者（何九盈等，1995）。

高山族人把"人"字写成ㄟ，"鬼"字写作ㄩ，"巫"字写为ㄩ，形象的文字直观表明巫者介于人鬼之间（臧克和，1996）。《大戴礼》曰："阳之精气曰神，阴之精气曰灵。神灵者，品物之本也。"古人认为，人死后会化为精灵，所以灵与鬼有关。《说文》曰："灵，灵巫也。以玉事神。"灵即是巫，这说明巫是代表神灵的意志。汉字"巫"之象形，包含了这种天地神通的意境。"巫"字上为天，下为地，中间有一竖贯通，且有两人把守着连通天地神灵的一线机会（申荷永，2004）。巫在远古部落中是智慧灵巧的通神者，以神秘法器，沟通神灵，联结天地。槐中既含"鬼"字，表明古人认为槐树有其特别的灵性，不同于其他自然之木。

槐树在地球上出现的历史非常悠久，早在荒古时代就有了它的身影，槐果被视为增寿延年之物。《太清草木方》载，槐是虚星的精华，十月上巳日采自服用，可祛百病，长寿通神。《梁书》记载，"虞肩吾经常服用槐果子，已经七十几岁了，仍发鬓乌黑，双目有神"❶。《春秋·说题辞》曰："槐木者，虚星之精也。"人们相信槐树为虚星之精，可昼合夜开，生为阳树，却可与阴相通。古人对槐树充满了敬畏，而民间自发形成的崇槐敬槐行为也反映出槐树在中国文化中是神秘和灵性的象征。

在对"洪洞大槐树"进行意象联想时，部分受访者体验到神圣意象，这些神圣意象具有中国文化特色（见表6-1）。

表6-1 "洪洞大槐树"引发的神圣意象示例

神圣意象	典型示例
圣人	黄帝　孔子　孟子
神明 智慧老人	盘古　女娲　观音菩萨　佛祖　神仙　槐祖 智慧慈悲的老者　睿智的老人

---

❶ 徐客（2012）。山海经。西安：陕西师范大学出版社。

心理分析理论认为，树木是自身条件与外在环境和谐的产物，树所具有的整合统一和完整和谐的象征意义与荣格心理学理论中的自性及自性化过程相联系。树及其象征作为深远无意识的存在与表达，以其特有的外在形式与人类内心的自性体验产生"共鸣"。这要求有意识的心灵与无意识的对应物、外部世界与内心世界、世俗生活与象征领域之间进行持续不断的"对话"。正如申荷永（2019）所言："生命的缘起与气息，须要全身心地投入生命，生命中就会产生自性的直觉，以及对生命存在的感知。或者说，当无意识专注于生命时，我们的自性就会跃然而现。"因此，从心理分析视角看中国文化下的崇槐现象，个体关注被赋予灵性的槐树，是受到本身自性原型"召唤"的表现，借助槐树的意象及其象征意义，通过关照内在的自性从而体验到心灵的真实性。

6.3.3 生命意义寻求与乡土依恋

荣格分析心理学从深度心理学层面对个体心灵及心理发展过程进行研究，注重人的价值及生命意义的探寻。荣格曾说："你生命的前半辈子，或许属于别人，活在别人的认为里。那把后半辈子还给你自己，去追随你内在的声音。"在荣格看来，人的生命周期分为两大阶段，每一阶段有不同的任务。在生命前半段，个体主要关注自我的发展，通过发展自我以适应社会和生存环境；在生命后半段即四十岁左右，个体的发展从"自我实现"转变为"自性实现"，这个阶段的主要任务是自性化，即转向思考哲学问题、生命的意义和灵性发展等内容，通过自性化寻求，实现人格的整合与完整，身体力行个体的生命意义。

乡土依恋的研究发现，年龄对乡土依恋有影响作用，它通过居住时间来调节，个体在一个地方居住时间越长，乡土依恋感越强（Hidalgo，2001）。然而对于不在依恋地居住的不同年龄人群而言，自性化寻求是否会对乡土依恋的形成有影响？Kyle（2004）的研究表明，个体住处与依恋地的距离越近、访问频次越高，乡土依恋的强度越强。再者，不同年龄阶段的人群是否会受到自性化寻求的影响而产生不同的乡土依恋行为？研究者结合研究（一）中60名随机选取的受访者和研究（二）中96名随机选取的受访者的访谈资料和人口统计学变量，对自性化寻求与乡土依恋的关系进行分析讨论。

（1）研究资料与方法

在本研究中，156名受访者的人口统计学资料如下：男性共88人，女性共68人；年龄从9岁到80岁（20岁以下21人、21~30岁22人、31~40岁30人、41~50岁40人、51岁以上43人）；已婚123人，未婚33人；本地58人，非本地98人；移民后裔80人，非移民后裔76人；首次到访"洪洞大槐树"为71人，多次到访为85人。使用SPSS 25.0为统计工具，对156名受访者的人口学统计变量进行分析，统计学方法：定性变量使用例数和百分比（n，%）表示，组间比较使用卡方检验。$P<0.01$为差异有统计学意义。

（2）研究结果

①到访次数是否存在年龄差异

依据表6-2可知，41~50岁，51岁以上这两个年龄段到访次数百分比较高，分别为85.0%和51.2%，20岁及以下、21~30岁和31~40岁这三个年龄段到访次数百分比较低，分别为42.9%、40.9%和36.7%。差异性分析结果显示，差异有统计学意义（$P<0.01$），多次到访"洪洞大槐树"的人群集中于41~50岁这个年龄段，到访次数与年龄差异比较可见图6-4。

表6-2 到访次数与年龄差异分析

前往次数	20岁及以下	21~30岁	31~40岁	41~50岁	51岁以上	χ^2	P值
首次	12（57.1%）	13（59.1%）	19（63.3%）	6（15.0%）	21（48.8%）	21.832	0.000
多次	9（42.9%）	9（40.9%）	11（36.7%）	34（85.0%）	22（51.2%）	—	—

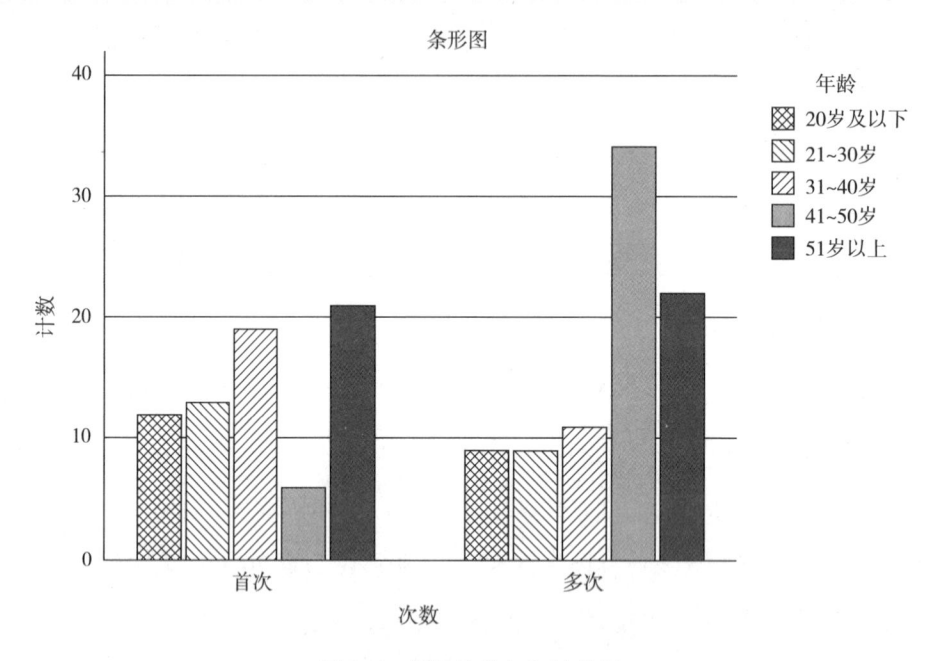

图 6-4 到访次数与年龄差异

② 是否移民后裔与年龄差异性分析结果

依据表 6-3 可知，41~50 岁和 51 岁以上两个年龄段的移民后裔百分比较高，分别为 57.5% 和 69.8%，20 岁及以下、21~30 岁和 31~40 岁这三个年龄段的移民后裔百分比较低，分别为 23.8%、45.5% 和 40.0%。差异性分析结果显示，差异有统计学意义（$P<0.01$），随着年龄的增加，到访"洪洞大槐树"的移民后裔比例呈升高趋势，是否移民后裔与年龄差异比较图可见图 6-5。

表 6-3 是否移民后裔与年龄差异分析

移民后裔	20 岁及以下	21~30 岁	31~40 岁	41~50 岁	51 岁以上	χ^2	P 值
否	16（76.2%）	12（54.5%）	18（60.0%）	17（42.5%）	13（30.2%）	14.672	0.005
是	5（23.8%）	10（45.5%）	12（40.0%）	23（57.5%）	30（69.8%）	—	—

条形图

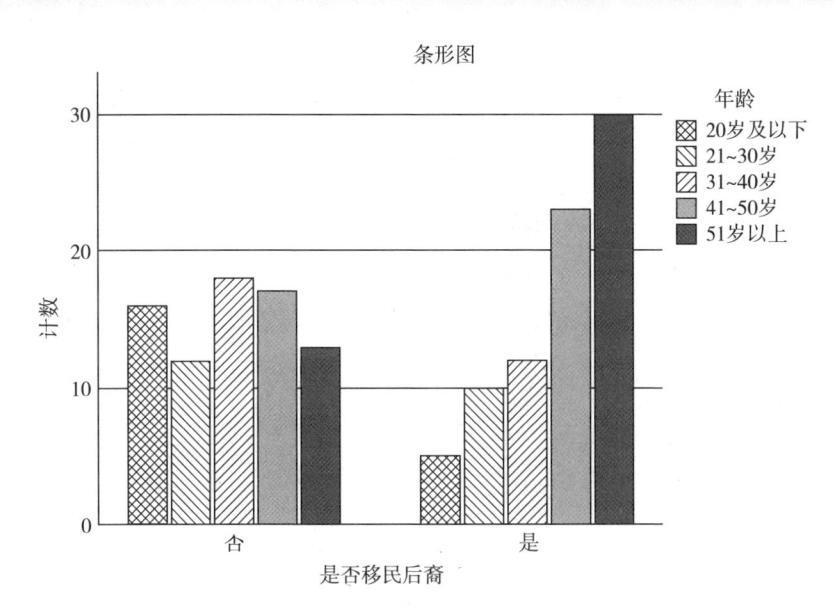

图 6-5　是否移民后裔与年龄差异

③是否本地人与年龄差异性分析结果

依据表 6-4 可知，20 岁及以下、21~30 岁和 41~50 岁这三个年龄段的本地人百分比较高，31~40 岁和 51 岁以上的非本地人百分比较高，差异性分析结果显示，差异有统计学意义（$P<0.01$），具体可见图 6-6。

表 6-4　是否本地人与年龄差异分析

本地人	20 岁及以下	21~30 岁	31~40 岁	41~50 岁	51 岁以上	χ^2	P 值
否	6（28.6%）	13（59.1%）	24（80.0%）	23（57.5%）	32（74.4%）	17.430	0.002
是	15（71.4%）	9（40.9%）	6（20.0%）	17（42.5%）	11（25.6%）	—	—

（3）结果讨论

上述结果表明，在到访"洪洞大槐树"的人群中，41~50 岁和 51 岁以上这两个年龄段人口数量、到访频次和移民后裔数量显著高于其他年龄段人群。这种现象的出现与个体对生命后半段的思考体验、生命内在完整性寻求和生命意义追求相关，也与中年危机现象相关。

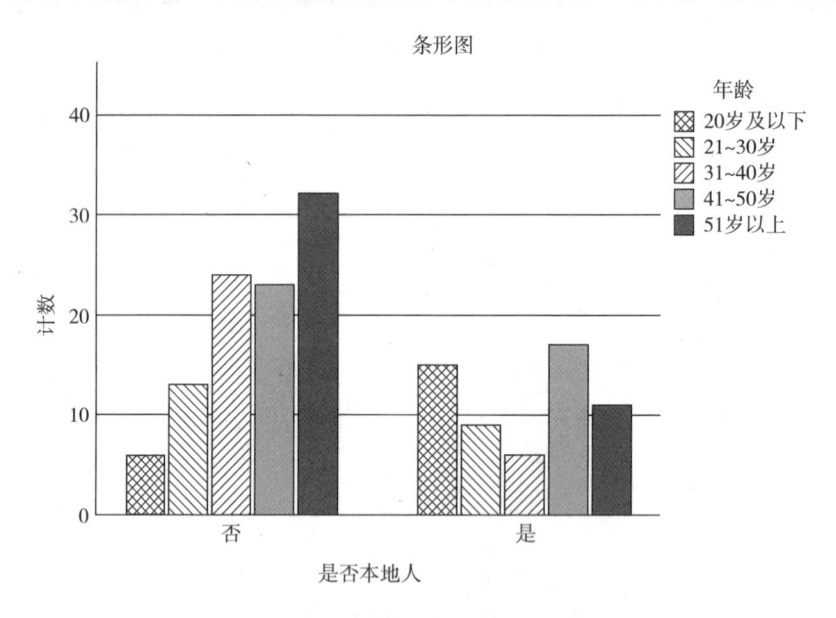

图 6-6　是否本地人与年龄差异

① 中年危机现象

荣格在临床实践中发现并提出"中年危机"的概念，它是指人到中年时心理上产生的危机感，一般而言，中年危机的转化会持续数年，发生于 35~50 岁，通常落在 40 岁左右。荣格从自身经历及医疗实践中发现，人在这一时期常发生出人意料的生活危机，原因在于前半生把主要的心理能量用于适应外部世界，片面追求世俗目标，如成家立业、名誉地位等，精神层面出现精神空虚（林崇德，2003）。进入中年，人将心理能量转向自己的内心世界，更加倾向于思考哲学或精神的问题，尤其是对生命意义与生命归属问题的思考。这个时期的挑战如果得到承认，自性化就会加速发展，并促使急剧的内部成长和转换。这是一个充满活力的生命过程。它是力比多的一个创造性内倾阶段，在这个阶段，此前保存下来的潜意识似乎"推动"或"逼迫"进行更多的自我实现，作为精神想要达到总体整合的自然倾向的一部分（杨韶刚，2017）。

依恋理论的相关研究表明，个体对依恋对象的亲近寻求行为的产生是由于依恋对象被个体视为在危险和感知环境威胁时对个体具有"保护"和"回应"效应的依恋替代物（Ellison et al., 2014; Altman & Low, 1992），而与特定环境空间形成的联结会带给个体稳定感、安全感和归属感。在到访"洪洞大槐树"的人群中，41~50岁这个年龄段人口数量、到访频次和移民后裔数量显著高于其他年龄段人群，这种现象表明，身处中年危机的个体更易与特定地理环境产生联结，这种联结所形成的精神体验有助于应对自性化带来的挑战。

② 对生命的思考

M1（41~50岁）：人不能忘本，不能忘祖，根是本，是源头，没有祖先，哪有现在的我。这次我带全家来这里看看。

人到中年，个体内在会产生一种焦虑、恐慌与无助感，为了摆脱这种无意义感，人们会试图寻求不同的价值方式去生活。对于到访"洪洞大槐树"的人群，特别是寻找身份认同和归属感的移民后裔而言，在大槐树的体验有助于缓解中年危机产生的焦虑和无助情绪。此外，大槐树的原型象征意义有助于唤醒和启动到访个体内在的意义感和价值感。在原型层面，"洪洞大槐树"作为祖先、故乡、家和根的象征，提供了母性容器的作用；在现实层面，与祖先的联结可将自身生命的延续置于从过去到未来的永恒的时间之流中。

中国台湾学者王祥龄指出："祖先崇拜的产生是人类为追索其祖源而展现的对生命本质与价值意识的一种外在形式。"中国人的祖先崇拜是以生命和血缘为中心展开对人生和世界的思考，同时又随着时间的推移、时代的发展而不断丰富完善。中国人的祖先崇拜建立在"根源—成长"关系上，这是一种恒久持续的关系。对于个体而言，自己的生命实际上是父亲的生命、祖父母的生命、遥远祖先的生命，个体通过祭祀父辈来追溯生命之源。

③完整性的寻求

M53（41~50岁）：我是从河南来的，在我们那里流传着这样一句话，即"这一辈子，一定要到大槐树看看"，来到这里就像完成了某种使命，此生无憾了。

钱穆在《晚学盲言》中，对"个体生命"和"全体生命"的关联性进行过研究，他认为生命的真正意义和价值在于全体生命，把全体生命断开几段，只看其中一部分，定会迷失生命真实的意义和价值（方克立，1995）。个体的生命承载着家族的价值，这个环节的缺乏意味着家族价值传承的中断。个体前往"洪洞大槐树"寻根祭祖，从深度心理学角度，可视为独一无二的个体与集体或整体的联结，是从个体走向原型核心的行为，是一个ego向自性联结的过程，是一个个体向整体回归的过程。特别是对于男性移民后裔意义重大，在意识层面，能填补移民代际创伤造成的不完整感；在无意识层面，与家族性集体无意识建立了联结，而集体力量的吸收与转化，有利于个体将意识与文化无意识、人类集体无意识相接轨。

④对人生意义的思考

W11（51岁以上）：大槐树是我的家乡，我从13岁离家，辗转好多城市，脚步踏过很多地方，但都有一种在流浪的感觉。最后，我还是回到这里，在根系壮大的大槐树下，找到了踏实生活的力量。

M25（51岁以上）：从微观层面看，我在"洪洞大槐树"找到自己的祖先，自己的"根"，这使我不再有飘萍的感觉；从宏观层面看，我从霍金的《时间简史》中寻得"我是谁？我来自哪里？我将去向何处？"这个哲学问题的答案。人类在整个宇宙的发展过程中，是如此渺小，宛如世间的一粒尘埃。因此，我感悟出：生命的意义是活在当下，自己与其他人存在的意义和价值无异，而且人要活出完整的自己，不要盲目跟从，迷失自我。

分析心理学家默瑞·斯丹（2006）认为，个体身处中年时期，会出现从一个心理认同到另一个认同的跨越转换。他将中年视为一个时机，在这个阶段人们将经历根本的转折，在这种心理过渡状态中，一个人的认同感是悬在半空中的，自我处于一种异化、边缘化以及漂浮的状态，此时，一些与人生意义相关的重要问题会频繁显现。在受访者中，有些人会谈到自己犹如飘萍失重的感觉，而寻根祭祖的过程则是回答"我是谁？我来自哪里？我将去向何处？"这诸多生命哲学问题的过程，同时也是促进个体寻找生命意义的过程。当意义被赋予某个特定的场所时，位置空间就转化成为内在心灵的"乡土"空间，"乡土"空间是由经历构建的意义中心，在意义中心建构生命体验与生命意义，有助于乡土依恋的形成。综上，个体的自性化寻求会促进个体与内在心灵空间建立联结，通过外在安放之地而形成乡土依恋。

6.4 小结

本章分三个部分论述自性化寻求对乡土依恋的影响作用。第一部分阐述了荣格与波林根塔楼的关系，荣格与波林根塔楼的联结是一种心灵层面更为神圣的"乡土依恋"关系，荣格将心理的完整性及自性化过程以外在物化的形式体现在波林根的石头中，石头作为神圣意象的存在，将荣格的自性化发展过程与波林根塔楼进行了联结，体现了自性化寻求对乡土依恋的影响。

第二部分对朝圣者与朝圣地两者之间的联结方式进行了论述，它们主要通过"上帝意象"进行联结。圣地作为神圣的象征，以意象、仪式或声音的形式与朝圣者相遇，朝圣者与神圣对象产生联结后所获得生命意义的宗教体验，是朝圣者对圣地产生依恋的深层心理原因。

第三部分对"洪洞大槐树"自性化寻求与乡土依恋的关系进行了探讨。首先，通过对鹳鸟与《观》卦的理论论述，阐明中国文化与自性化的联系，之后对"洪洞大槐树"寻根祭祖者的"观心"体验进行分析，表明他们通过祭祖体验，与家族祖先和家族无意识建立联结，以此关照自性，寻求生命的完整性。

其次，将槐树的"神圣性"文化象征意义与自性化相结合进行讨论，阐述了槐树作为具有中国文化特色的神圣意象，在深度心理学层面承载了寻根祭祖者内在的神性和敬畏感，并将大槐树寻根祭祖者的自性化寻求与乡土依恋相联结。

最后，通过对156名受访者的人口学统计变量进行分析发现，到访"洪洞大槐树"的人群中，41~50岁和51岁以上这两个年龄段人口数量、到访频次和移民后裔数量显著高于其他年龄段人群。这一现象表明，在人生后半段受到自性化挑战，特别是处于"中年危机"的个体，来到"洪洞大槐树"寻求生命意义及归属感，是其自性重新觉醒的重要时机，也是自性化寻求的外在表现。

理论研究与实证研究相结合，表明自性化寻求影响乡土依恋现象的形成。

第 7 章 结论与建议

7.1 结论

本研究得出以下结论：

第一，祖先崇拜对乡土依恋有影响作用。在心灵发展层面，祖先崇拜对乡土依恋的影响具有原型意义；在社会文化层面，祖先崇拜通过影响个体或群体地方归属感、精神归属感和文化归属感的建立而对乡土依恋产生影响。

第二，受祖先崇拜文化影响的地方归属感建立、文化归属感建立和精神归属感建立三方面是乡土依恋形成的影响因素及动力来源。以"洪洞大槐树"为例，"地方归属感建立"和"文化归属感建立"是乡土依恋形成的外源性动力，"精神归属感建立"是乡土依恋形成的内生性动力。其中，"精神归属感建立"通过地方精神体验实现，到访"洪洞大槐树"的个体或群体，在地方精神体验中形成三种不同程度的人地联结。

第三，文化情结对乡土依恋有影响作用。创伤性文化情结启动依恋关系系统，促使个体或群体形成乡土依恋，通过与故土的联结建构安全感和归属感。规范性的文化情结，以土地原型为核心，通过文化无意识和集体文化模式影响个体或群体形成乡土依恋。

第四，文化情结在历史、文化和原型层面影响乡土依恋的形成。以"洪洞大槐树"为例，游子文化情结为个体或群体乡土依恋的形成提供心理动力，崇槐文化情结和恋地文化情结为个体或群体乡土依恋的形成提供文化动力，生生不息文化情结为个体或群体乡土依恋的形成提供原型动力。

第五，自性化寻求对乡土依恋有影响作用。自性化寻求以内在驱动力的形式推动个体与内在心灵"乡土空间"的外在呈现——特定空间环境形成联结，与个体产生联结的空间环境以其自性原型的象征作用影响个体内在完整性和神圣的自性化体验。

第六，自性化寻求对不同年龄阶段人群的乡土依恋水平有影响。以"洪洞大槐树"为例，在到访"洪洞大槐树"的不同年龄段人群中，中老年在人口数量、到访频次和移民后裔数量方面显著高于其他年龄段人群。这种现象的出现与中年危机和个体生命后半段的自性化发展相关。

7.2 问题分析与展望

乡土依恋现象的形成是多种因素相互作用的结果。每一种因素都通过其独特的机制影响个体或群体与特定地方产生联结，其中，心理、社会、文化因素起着不可忽视的作用。本研究将乡土依恋理论与荣格分析心理学理论和心理分析理论相结合，试图从深度心理学角度解读乡土依恋现象的形成机制，是一种创新尝试。

然而，本研究也存在一些问题。首先，在选题时研究对象和内容太过繁多；其次，由于受到旅游人群的季节性变动及流动人群不稳定的影响，资料收集和受访者数量方面并未达到预期的理想状态，且在研究过程中流失了一些重要的研究对象；最后，文化现象的形成是深刻而复杂的，特别是在"洪洞大槐树"这个意义空间中，还蕴含着许多未解且深入人心的现象和行为，限于研究过程中人力物力的局限，本研究的深度及广度也有待提高。

中国文化与心理分析是一门立足于中国文化基础上的学科，深入中国文化了解个体或群体行为及行为背后的心理机制，可以更真切地碰触到中国人的生存样式与内在信仰。地方与心灵的碰撞是亘古不变的话题，随着全球化的急剧发展，人与地理环境之间的矛盾和冲突日益凸显；随着历史的发展，人与地理环境的互动产生诸多现实困扰，乡土依恋现象的研究亟须重视。2008 年，汶川地震的发生使重灾区汶川县龙溪乡夕格羌寨的命运发生了改变，因羌寨破坏严重，已经不具备生产生活条件，故，在 2009 年，200 多名夕格羌族居民离开家园，迁徙至邛崃的南宝山定居。这一现实的情境让羌族这个被称作"云朵上的民族"徘徊在迁徙与回归、坚守与失守之间。对乡土依恋现象的研究同样具有重要的现实意义。

通过乡土依恋现象探寻心灵的归属，本研究只是起到了抛砖引玉的作用，为更深入地探索二者之间的关系，未来的研究拟采用不同的方法和视角。例如，研究者可以将认知心理学作为切入点，引用脑科学的方法或利用环境模拟器等仪器进行实验，为乡土依恋的研究提供多视角的技术支持。一个民族的文化自信、民族自信深植于文化的土壤中，审视个体生命与天地、祖先、神灵的相应与疏离，是个体和群体寻找心灵归属的途径。

参考文献

[1] 曹李梅，曲颖.热带海岛型目的地情境下旅游者地方依恋：心理归因及其形成机理[J].人文地理，2019，34（5）：135-141.

[2] 陈灿锐，申荷永.荣格与后荣格学派自性观[J].心理学探新，2011，31（5）：391-396.

[3] 陈国典.试析藏传佛教朝圣者的圣地情结[J].宗教学研究，2006（1）：182-186.

[4] 陈建宪.神祇与英雄：中国古代神话的母题[M].北京：生活·读书·新知三联书店，1994.

[5] 陈建宪.神话解读：母题分析方法探索[M].武汉：湖北教育出版社，1997.

[6] 陈向明.质的研究方法与社会科学研究[M].北京：教育科学出版社，2000.

[7] 鲁道夫·奥托.论"神圣"[M].成穷，周邦，译.成都：四川人民出版社，1995.

[8] 邓玲玲，邓馨.湖南省社会科学界第五届学术年会论文集[D].湖南：湖南大学出版社，2014.

[9] 樊淑敏.审美视阈中的土地崇拜文化研究[D].上海：上海师范大学，2009.

［10］范莉娜，周玲强，李秋成，等. 三维视域下的国外地方依恋研究述评［J］. 人文地理，2014，29（4）：8.

［11］方红. 在重述历史中回归土著文化身份——评澳大利亚土著作家赛莉·摩根的《我的位置》［J］. 山东师大外国语学院学报，2002（3）：68-71.

［12］方克立，李锦全. 现代新儒家学案（上中下）中［M］. 北京：中国社会科学出版社，1995.

［13］费孝通. 乡土中国·生育制度·乡土重建［M］. 北京：商务印书馆，2015.

［14］傅亚庶. 中国上古祭祀文化［M］. 北京：高等教育出版社，2007.

［15］范红霞，申荷永，李北容. 荣格分析心理学中情结的结构、功能及意义［J］. 中国心理卫生杂志，2008，22（4）：310-313.

［16］冯尔康. 中国古代的宗族和祠堂［M］. 北京：商务印书馆，2013.

［17］卡尔·古斯塔夫·荣格. 精神分析与灵魂治疗［M］. 冯川，译. 南京：译林出版社，2012.

［18］冯宁宁，崔丽娟. 从恢复体验到地方依恋：环境偏好与居住时长的作用［J］. 心理科学，2017，40（5）：1215-1221.

［19］卡尔·古斯塔夫·荣格. 荣格文集［M］. 冯川，苏克，译. 南京：译林出版社，2014.

［20］古丽扎伯克力，辛自强，李丹. 地方依恋研究进展：概念、理论与方法［J］. 首都师范大学学报（社会科学版），2011（5）：86-93.

［21］菲利普·威尔金森. 神话与传说：图解古文明的秘密［M］. 郭乃嘉，译. 北京：生活·读书·新知三联书店，2015.

［22］谷德明. 中国少数民族神话［M］. 北京：中国民间文艺出版社，1987.

［23］何九盈，胡双宝，张猛. 中国汉字文化大观［M］. 北京：北京大学出版

社，1995.

[24] 何新.诸神的起源：华夏上古日神与母神崇拜［M］.北京：中国民主法制出版社，2008.

[25] 胡建升.女神原型的图像组合——《鹳鱼石斧图》的文化象征新探［J］.民族艺术，2011（4）：103-109.

[26] 默瑞·斯丹.英雄之旅：个体化原则概论［M］.黄碧慧，魏宏晋，译.台北：心灵工坊文化，2012.

[27] 黄源深.澳大利亚文学史［M］.上海：上海外语教育出版社，1997.

[28] 黄向，保继刚，Wall Geoffrey.场所依赖（place attachment）：一种游憩行为现象的研究框架［J］.旅游学刊，2006（9）：19-24.

[29] 吉成名.论祖先崇拜［J］.湘潭大学学报（哲学社会科学版），2015（4）：141-144.

[30] 金梦瑶.人类学角度：殷墟卜辞中祖先崇拜研究［M］.北京：中国文史出版社，2016.

[31] 贾艳红.论汉代的祖先崇拜［J］.山东师范大学学报（人文社会科学版），2011（4）：96-100.

[32] 蒋栋元.跨文化视阈下祖先崇拜与上帝崇拜的阐释［J］.江苏师范大学学报（哲学社会科学版），2013，39（5）：62-68.

[33] 拉德米拉·莫阿卡宁.荣格心理学与西藏佛教［M］.江亦丽，罗照辉，译.北京：商务印书馆，1994.

[34] 韦伯.中国的宗教宗教与世界［M］.康乐，简惠美，译.桂林：广西师范大学出版社，2004.

[35] 赖萱萱，郑长青.宗教行为抑或伦理表达——东南亚华人族群祖先崇拜之考察［J］.世界宗教文化，2017（5）：53-56.

[36] 雷焕章.说"土"与"方"——商人对土地与祖先的一些概念［C］.

纪念殷墟甲骨文发现100周年国际学术研讨会（中国殷商文化学会），1999.

[37] 李保平. 论非洲黑人的祖先崇拜[J]. 西亚非洲, 1997 (5): 41-46.

[38] 诺伊曼. 大母神——原型分析[M]. 李以洪, 译. 北京: 东方出版社, 1998.

[39] 李泽厚. 中国古代思想史论[M]. 北京: 生活·读书·新知三联书店, 2008.

[40] 鲁刚. 世界神话辞典[M]. 沈阳: 辽宁人民出版社, 1989.

[41] 梁恒豪. 信仰的精神性进路: 荣格的宗教心理观[M]. 北京: 社会科学文献出版社, 2014.

[42] 杰佛瑞·芮夫. 荣格与炼金术[M]. 廖世德, 译. 长沙: 湖南人民出版社, 2012.

[43] 詹姆斯·霍尔. 荣格解梦书: 梦的理论与解析[M]. 廖婉如, 译. 台北: 心灵工坊文化事业股份有限公司, 2006.

[44] 林崇德, 杨治良, 黄希庭. 心理学大辞典[M]. 上海: 上海教育出版社, 2003.

[45] 刘清平. 论孔孟儒学的血亲团体性特征[J]. 哲学门, 2000 (1): 3-4.

[46] 刘喜珍. 论传统孝道与祖先崇拜的伦理关系[J]. 理论导刊, 2012 (5): 104-105.

[47] 刘雪英. 澳大利亚土著人的宗教文化[J]. 兰州交通大学学报, 2009, 28 (2): 75-77.

[48] 刘亚红. 炎帝作为祖先崇拜的特征和功能[J]. 宝鸡文理学院学报（社会科学版）, 2010, 30 (4): 39-41.

[49] 卡尔·古斯塔夫·荣格. 荣格自传: 回忆、梦与思考[M]. 刘国彬, 杨德友, 译. 沈阳: 辽宁人民出版社, 1988.

［50］龙江智，段浩然，张方馨．地方依恋对游客忠诚度的影响研究：基于凤凰古城的实证研究［J］．北京师范大学学报（自然科学版），2020，56（1）：68-77．

［51］龙霄飞，刘曙光．神灵与苍生的感应场——古代坛庙［M］．沈阳：辽宁师范大学出版社，1996．

［52］李春霖，曾维希．人与地的联结：地方依恋［J］．心理学进展，2018，8（4）：585-599．

［53］李向平．祖宗的神灵：缺乏神性的中国人文世界［M］．桂林：广西人民出版社，1989．

［54］麻国庆．家与中国社会结构［M］．北京：文物出版社，1999．

［55］马宏伟．回归自在——荣格自性化与禅宗见性及其比较研究［D］．澳门：澳门城市大学，2017．

［56］麦天枢．西部在移民［J］．人民文学，1998．

［57］浦忠成．台湾邹族的风土神话［M］．台北：台原出版社，1993．

［58］乔志强．中国近代社会史［M］．北京：人民出版社，1992．

［59］裘燮君．《观》卦中的古"性""命"观［J］．河池师专学报（社会科学版），1995（4）：89-96．

［60］钱杭．论汉人宗族的内源性根据［J］．史林，1995（3）：1-15．

［61］色音．祖先崇拜的宗教人类学探析［J］．内蒙古师范大学学报（哲学社会科学版），2012，41（3）：29-34．

［62］申荷永．中国文化心理学心要［M］．北京：人民出版社，2001．

［63］申荷永．荣格与分析心理学［M］．广州：广东高等教育出版社，2004．

［64］申荷永．心理分析：理解与体验［M］．北京：生活·读书·新知三联书店，2004．

［65］戴维·罗森．荣格之道：整合之路［M］．申荷永，译．北京：中国社会

科学出版社，2003.

[66] 申荷永. 心灵与境界［M］. 郑州：郑州大学出版社，2009.

[67] 申荷永. 洗心岛之梦：自性化与感应心法［M］. 广州：广东科技出版社，2011.

[68] 申荷永，高岚. 荣格与中国文化［M］. 北京：首都师范大学出版社，2018.

[69] 石发林. 澳大利亚土著人研究［M］. 成都：四川大学出版社，2010.

[70] 杰克·特里锡德. 象征之旅：符号及其意义［M］. 石毅，刘珩，译. 北京：中央编译出版社，2001.

[71] 宋艳秋.《我的位置》中土著人民在文化霸权下的寻根之旅［J］. 文学教育（下），2019（5）：120-121.

[72] 威廉·詹姆斯. 宗教经验之种种（下册）［M］. 唐钺，译. 北京：商务印书馆，2009.

[73] 王鹤鸣，王澄. 中国祠堂通论［M］. 上海：上海古籍出版社，2013.

[74] 王祥龄. 崇天敬祖思想理论与实践［M］. 新北：花木兰文化出版社，2012.

[75] 王新生. 荣格与波林根的塔楼［J］. 建筑，2009（3）：60-62.

[76] 王雪，青木信夫，徐苏斌. 基于地方依恋反思旧城更新语境下的失所现象——以天津西沽南拆除计划为例［J］. 人文地理，2019，34（5）：44-52.

[77] 默瑞·斯丹. 中年之旅：自性的转机［M］. 魏宏晋，译. 台北：心灵工坊文化，2013.

[78] 默瑞·斯丹. 灵性之旅——追寻失落的灵魂［M］. 吴菲菲，译. 台北：心灵工坊文化，2015.

[79] 吴晔. 图说土地文化［M］. 北京：中国大地出版社，2007.

［80］吴蓉，黄旭，刘晔，等.地方依恋对城市居民社区参与的影响研究——以广州为例［J］.地理科学，2019，39（5）：734-741.

［81］吴继霞，黄希庭.诚信结构初探［J］.心理学报，2012，44（3）：354-368.

［82］向敏，王忠军.论心理学量化研究与质化研究的对立与整合［J］.福建医科大学学报（社会科学版），2006（2）：51-54.

［83］谢东莉.传统与现代之间：美孚黎祖先崇拜文化研究［M］.桂林：广西师范大学出版社，2014.

［84］徐剑艺.中国人的乡土情结［M］.上海：上海文化出版社，1993.

［85］徐勇.祖赋人权：源于血缘理性的本体建构原则［J］.中国社会科学，2018（1）：114-135.

［86］徐中舒.甲骨文字典［M］.成都：四川辞书出版社，1990.

［87］晏杰雄，刘又华.水的原型意义分析［J］.南华大学学报（社会科学版），2005（2）：101-103.

［88］默瑞·斯丹.变形：自性的显现［M］.喻阳，译.北京：中国社会科学出版社，2003.

［89］杨奕，吴建平.地方依恋：对象、影响因素与研究趋势［J］.心理学进展，2013，3（4）：185-194.

［90］杨韶刚.炼石成金：神奇的炼金术——荣格神秘心理学［M］.哈尔滨：黑龙江人民出版社，2004.

［91］杨韶刚.神秘的荣格［M］.南昌：江西人民出版社，2017.

［92］卡尔·古斯塔夫·荣格.精灵墨丘利［M］.杨韶刚，译.南京：译林出版社，2019.

［93］卡尔·古斯塔夫·荣格.伊雍：自性现象学研究［M］.杨韶刚，译.南京：译林出版社，2019.

[94] 卡尔·古斯塔夫·荣格. 哲学树 [M]. 杨韶刚, 译. 南京: 译林出版社, 2019.

[95] 杨燕.《观》卦的祭祀内涵与儒家哲学的关系 [J]. 周易研究, 2010（1）: 55-62.

[96] 杨丽娟. 世界神话与原始文化 [M]. 上海: 上海社会科学院出版社, 2004.

[97] 杨翠红, 杨晓聪, 赵博文. 创世神话: 史前的世界 [M]. 长春: 长春出版社, 2011.

[98] 叶舒宪. 庄子的文化解析 [M]. 武汉: 湖北人民出版社, 1996.

[99] 叶湘虹. 荣格道德整合思想研究 [M]. 长沙: 中南大学出版社, 2010.

[100] 袁珂. 中国古代神话 [M]. 北京: 华夏出版社, 2006.

[101] 袁珂, 周明. 中国神话资料粹编 [M]. 成都: 四川省社会科学院出版社, 1985.

[102] 尤明慧. 非物质文化遗产视角下的"社"与"祖"[J]. 徐州工程学院学报（社会科学版）, 2014, 29（4）: 88-92.

[103] 臧克和. 说文解字的文字解说 [M]. 武汉: 湖北人民出版社, 1996.

[104] 张敏. 论文化无意识及其临床心理治疗的意义 [J]. 中国临床心理学杂志, 2010, 18（6）: 823-825.

[105] 荷兰时代生活图书公司. 伟大的主题: 世界神话 [M]. 张琦, 卢贵唐, 译. 北京: 中国青年出版社, 2006.

[106] 张倩. 家国情怀的传统构建与当代传承——基于血缘、地缘、业缘、趣缘的文化考察 [J]. 学习与实践, 2018（10）: 129-134.

[107] 张青. 洪洞大槐树移民志 [M]. 太原: 山西古籍出版社, 2000.

[108] 张天宇, 乌恩. 游客感知价值与地方依恋的相关性研究——以婺源为例 [J]. 中南林业科技大学学报（社会科学版）, 2019, 13（4）:

89-96.

[109] 张敏, 申荷永, 刘建新. 浅论《诗经》中"上帝"意象的心理学意义[J]. 宗教学研究, 2011（1）: 196-200.

[110] 郑晴云. 朝圣与旅游: 一种人类学透析[J]. 旅游学刊, 2008（11）: 81-86.

[111] 段义孚. 恋地情结[M]. 志丞, 刘苏, 译. 北京: 商务印书馆, 2018.

[112] 周洁. 中日祖先崇拜研究[M]. 北京: 世界知识出版社, 2004.

[113] 朱竑, 刘博. 地方感、地方依恋与地方认同等概念的辨析及研究启示[J]. 华南师范大学学报（自然科学版）, 2011（1）: 1-8.

[114] 默瑞·斯丹. 荣格心灵地图[M]. 朱侃如, 译. 台北: 立绪文化事业有限公司, 1998.

[115] 朱雄君. 祖先崇拜的社会功能——基于湖南石村的实证分析[J]. 湖南农业大学学报（社会科学版）, 2008（1）: 50-56.

[116] 卓新平. 当代亚非拉美神学[M]. 上海: 上海三联书店, 2007.

[117] 雷诺斯·K. 帕帕多普洛斯. 荣格心理学手册[M]. 周党伟, 赵艺敏, 译. 北京: 中国人民大学出版社, 2006.

[118] Altman I, Low S M. Place attachment[M]. New York & London: Plenum Press, 1992.

[119] Counted V, Watts F. Place attachment in the Bible: The role of attachment to sacred places in religious life[J]. Journal of Psychology and Theology, 2017, 45（3）: 218-232.

[120] Counted V, Zock H. Place spirituality: An attachment perspective[J]. Archive for the Psychology of Religion, 2019, 41（1）: 12-25.

[121] Crotty M. Finding a way: the religious worlds of today; teachers' book[M]. Collins Dove, 1990.

［122］Cross J E. Processes of place attachment: An interactional framework［J］. Symbolic interaction, 2015, 38（4）: 493-520.

［123］Counted V, Zock H. Place spirituality: An attachment perspective［J］. Archive for the Psychology of Religion, 2019, 41（1）: 12-25.

［124］Davenport M A, Anderson D H. Getting from sense of place to place-based management: An interpretive investigation of place meanings and perceptions of landscape change［J］. Society and natural resources, 2005, 18（7）: 625-641.

［125］Eisenhauer B W, Krannich R S, Blahna D J. Attachments to special places on public lands: An analysis of activities, reason for attachments, and community connections［J］. Society & Natural Resources, 2000, 13（5）: 421-441.

［126］Ellison C G, Bradshaw M, Flannelly K J, et al. Prayer, attachment to God, and symptoms of anxiety-related disorders among US adults［J］. Sociology of Religion, 2014, 75（2）: 208-233.

［127］Fried M. Grieving for a lost home［M］. Social psychiatry. Routledge, 2018: 335-359.

［128］Galliano S J. Place assessment: How people define ecosystems［M］. US Department of Agriculture, Forest Service, Pacific Northwest Research Station, 1999.

［129］Gieryn T F. As pace for place in sociology［J］. Annual Review of Sociology, 2000, 26（1）: 463-496.

［130］Hay R. Sense of place in developmental context［J］. Journal of environmental psychology, 1998, 18（1）: 5-29.

［131］Hay R. A rooted sense of place in cross-cultural perspective［J］. Canadian Geographer/Le Géographe canadien, 1998, 42（3）: 245-266.

[132] Hidalgo M C, Hernandez B. Place attachment: Conceptual and empirical questions [J]. Journal of environmental psychology, 2001, 21 (3): 273-281.

[133] Hall C S, Nordby V J. A primer of Jungian psychology [M]. New York: New American Library, 1973.

[134] Iorio M, Corsale A. Diaspora and tourism: Transylvanian Saxons visiting the homeland [J]. Tourism Geographies, 2013, 15 (2): 198–232.

[135] Isaacs, J. Australian dreaming: 40, 000 years of Aboriginal history [M]. New Holland Publishers, 2005.

[136] Jung C G. Collected works of CG Jung, volume 6: Psychological types [M]. Princeton University Press, 2014.

[137] Jung C G. Memories, Dreams, Reflections [M]. Ed. A. Jaffé; Trans. R. &C. Winston. New York: Vintage Books, 1961.

[138] Jung C G. A study in the process of individuation. [M]. Princeton, NJ: Princeton University Press, 1971.

[139] Jung C G. The spiritual problem of modern man [M]. Princeton, NJ: Princeton University Press, 1933.

[140] Kamitsis I, Francis A J P. Spirituality mediates therelationship between engagement with nature and psychological wellbeing [J]. Journal of environmental psychology, 2013 (36) 136–143.

[141] Kasarda J D, Janowitz M. Community attachment in mass society [J]. American sociological review, 1974, 39 (6): 328–339.

[142] Kimbles S L. Cultural complexes and the transmission of group traumas in everyday life [J]. Psychological Perspectives, 2006, 49 (1): 96–110.

[143] Kimbles S L. Cultural complexes and the transmission of group traumas in

everyday life [J]. Psychological Perspectives, 2006, 49 (1): 96-110.

[144] Lalli M. Urban-related identity: Theory, measurement, and empirical findings [J]. Journal of environmental psychology, 1992, 12 (4): 285-303.

[145] Lewicka M. Place attachment, place identity, and place memory: Restoring the forgotten city past [J]. Journal of environmental psychology, 2008, 28 (3): 209-231.

[146] Low S M, Altman I. Place Attachment: A Conceptual Inquiry [M]. New York & London: Plenum Press, 1992.

[147] Li T E, McKercher B. Effects of place attachment on home return travel: A spatial perspective [J]. Tourism Geographies, 2016, 18 (4): 359-376.

[148] Morgan P. Towards a developmental theory of place attachment [J]. Journal of environmental psychology, 2010, 30 (1): 11-22.

[149] Mazumdar S, Mazumdar S. Sacred space and place attachment [J]. Journal of environmental psychology, 1993, 13 (3): 231-242.

[150] Manzo L C. For better or worse: Exploring multiple dimensions of place meaning [J]. Journal of environmental psychology, 2005, 25 (1): 67-86.

[151] Mawby A. Australia: Shadow and Cultural Complex in the Antipodes: What Happened to Us? [J]. Jung Journal, 2019, 13 (1): 49-68.

[152] Palmer M. Freud and Jung on religion [M]. Routledge, 2003.

[153] Pittman J F, Keiley M K, Kerpelman J L, et al. Attachment, identity, and intimacy: Parallels between Bowlby's and Erikson's paradigms [J]. Journal of Family Theory & Review, 2011, 3 (1): 32-46.

[154] Proshansky H M. The city and self-identity [J]. Environment and behavior,

1978, 10（2）: 147-169.

[155] Sally M. My Place [M]. Fremantle: Fremantle Arts Centre Press, 1987.

[156] Scott K, Brown H. Kayang & me [M]. Fremantle Press, 2005.

[157] Scannell L, Gifford R. The experienced psychological benefits of place attachment [J]. Journal of Environmental Psychology, 2017, 51: 256-269.

[158] Scannell L, Gifford R. Place attachment enhances psychological need satisfaction [J]. Environment and Behavior, 2017, 49（4）: 359-389.

[159] Scannell L, Gifford R. Defining place attachment: A tripartite organizing framework [J]. Journal of environmental psychology, 2010, 30（1）: 1-10.

[160] Singer T. The cultural complex: a statement of the theory and its application [J]. Psychotherapy and Politics International, 2006, 4（3）: 197-212.

[161] Singer T, Kimbles S L. The emerging theory of cultural complexes [M]. Analytical psychology. Routledge, 2004: 188-215.

[162] Singer T, Kimbles S L. The cultural complex: Contemporary Jungian perspectives on psyche and society [M]. Routledge, 2004.

[163] Singer T. The transcendent function and cultural complexes: A working hypothesis [J]. Journal of Analytical Psychology, 2010, 55（2）: 234-241.

[164] Singer T. Psyche and society: Some personal reflections on the development of the cultural complex theory [J]. Journal of Jungian Scholarly Studies, 2014, 9: 1-14.

[165] Singer, T, Rasche J. Europe's Many Souls: Exploring Cultural Complexes and Identities [M]. Spring Journal, 2016, 64（4）: 613-616.

[166] Stein M. Transformation: Emergence of the self [M]. Texas A&M University Press, 1998.

[167] Stein M. The principle of individuation: Toward the development of human consciousness [M]. Chiron publications, 2006.

[168] Stein M. Soul: treatment and recovery: The selected works of Murray Stein [M]. Routledge, 2015.

[169] Twigger-Ross C L, Uzzell D L. Place and identity processes [J]. Journal of environmental psychology, 1996, 16(3): 205-220.

[170] Williams D R, Roggenbuck J W. Measuring place attachment: Some preliminary results [C]. NRPA Symposium on Leisure Research, San Antonio, TX. 1989, 9.

附 录

附录1 祖先崇拜对乡土依恋影响研究半结构式访谈问卷

您好！非常感谢您的参与和支持，请认真阅读下列问题并作回答。

第一部分：开放式问卷

以下问题，请根据您自身的实际情况作答，回答没有正确与错误之分。

1. 您是第几次来到这里？

　　□首次，是什么原因促使您来到这里？

　　□多次，您在什么情况下会来到这里？

2. 您来到这里的感受及内心体验是什么？（形容词——具体化）

3. 祖先在您心中意味着什么，具有何种意义？

4. 祭拜祖先或大槐树时您内心有什么样的想法、情景或画面出现？

5. 您祭拜过祖先或大槐树后是什么样的感觉？（具体化）

6. 祭拜祖先时您会有什么样的行为，这些行为表明了什么？

7. 请您围绕家庭或家族中的祭祖习俗和您曾经的祭祖体验谈谈自己的看法？

8. 在大槐树祭祖与其他地方相比有何不同，这里会唤起您什么样的记忆与情感体验？

第二部分：基本资料

以下部分是关于您的基本资料，所有信息我们将严格保密，只用于学术研究，请在符合您实际情况的选项□中填"√"。

性别：男□ 女□

年龄：20岁及以下□ 21~30岁□ 31~40岁□ 41~50岁□ 51岁以上□

婚配：是□ 否□

教育程度：专科及以下□ 本科□ 硕士□ 博士及博士后□

本地人：是□　　否□

到访"洪洞大槐树"的频次：首次□　多次□

是否移民后裔：是□　　否□

附录2　文化情结对乡土依恋影响研究半结构式访谈问卷

您好！非常感谢您的参与和支持，请认真阅读下列问题并作回答。

第一部分：开放式问卷

以下问题，请根据您自身的实际情况作答，回答没有正确与错误之分。

1. 提到"洪洞大槐树"，您会产生什么感觉？

2. 提到"洪洞大槐树"，您脑中会浮现或产生哪些意象（图像）？

（1）"洪洞大槐树"在我心目中犹如_____一般。

（2）"洪洞大槐树"会使你想到什么（人/物）？

3. "洪洞大槐树"会唤起您什么样的记忆与情感体验？与什么人之间的记忆？

4. 往常想到或提到"洪洞大槐树"时，会促使您产生什么样的行为？当前身处在"洪洞大槐树"，您会有什么样的行为？

5. "洪洞大槐树",在您脑中有什么样的印象(这些印象会持续、反复、持久地对您产生影响)?

6. 您是否做过与"洪洞大槐树"相关的梦?

7. "洪洞大槐树"对您来说意味着什么,具有什么意义?

第二部分:基本资料

以下部分是关于您的基本资料,所有信息我们将严格保密,只用于学术研究,请在符合您实际情况的选项□中填"√"。

性别:男□　　女□

年龄:20岁及以下□　21~30岁□　31~40岁□　41~50岁□　51岁以上□

婚配:是□　　否□

教育程度:专科及以下□　本科□　硕士□　博士及博士后□

本地人:是□　　否□

到访"洪洞大槐树"的频次:首次□　多次□

是否移民后裔:是□　　否□